AF567893

Art déco
in Leipzig

Entwurfszeichnung für Vitrinen in der Untergrundmessehalle am Markt, Architekt Otto Droge, Leipzig 1924

ART DÉCO

Architektur und Kunst der Goldenen Zwanziger Jahre in Leipzig

Wolfgang Hocquél

INHALT

DIE ARCHITEKTUR DES LEIPZIGER ART DÉCO – DIE GOLDENEN ZWANZIGER JAHRE

EINFÜHRUNG

Was ist Art déco? Anders als Historismus, Jugendstil und Klassische Moderne ist das Art déco trotz seiner ungeheuren künstlerischen Vielfalt heute lediglich in Fachkreisen ein Begriff. Völlig zu Unrecht, denn es handelt sich um einen äußerst innovativen Dekorationsstil, der alle Bereiche der angewandten Kunst, das heißt des Kunsthandwerks, der Architektur, der Mode, des Films, der Buchgestaltung usw. erfasste. Diese westliche Kunst zwischen den beiden apokalyptischen Kriegen des 20. Jahrhunderts war stark durch französisches Modedesign und Möbelbau inspiriert. Ausgangspunkt war die avantgardistische Kunstströmung des Kubismus, die von Georges Braque und Pablo Picasso nach 1900 in Frankreich begründet wurde. Diese Publikation will zeigen, wie sich dieser Dekorationsstil des Art déco auch in der Leipziger Architektur äußert. Dabei wird überraschend deutlich, dass das Art déco in vielen exzellenten Architekturbeispielen auch heute noch in unserem Alltag präsent ist. Neben den Wohnungsbauten sind es hochkarätige Einzelobjekte, wie die Bonifatiuskirche in Connewitz von Theo Burlage (1929/30) oder aber das Grassimuseum von Carl William Zweck und Hans Voigt (1925/1929). Die Auseinandersetzung mit dieser exotischen Dekorationsmode, die auf uns heute überraschend frisch und unverbraucht wirkt, eröffnet interessante Einblicke in die Ästhetik der Zeit zwischen 1920 und 1940. Sie klingt schließlich im Bau von New Yorker Wolkenkratzern wie dem Chrysler Building aus. Ihre letzte Phase ist der Streamline Style, der den Geschwindigkeitsrausch der Zeit bedient und auf die technischen Faszinationen, wie Auto, Flugzeug und Radio, mit künstlerischen Mitteln reagiert. Mit der Publikation wird das Thema Art déco aus der Perspektive einer deutschen Großstadt betrachtet, womit die Verankerung des Stils im ganz normalen Alltag anschaulich wird.

ART DÉCO – ENTSTEHUNG, WIRKUNG, VERBREITUNG

Eingang zur Pariser Ausstellung „Exposition Internationale des Arts Décoratifs et Industriels Modernes" von 1925

EIN LUXUSSTIL AUS PARIS

Als kunstgeschichtlicher Stilbegriff ist Art déco erst in jüngerer Zeit allgemein gebräuchlich geworden. Zum entscheidenden Impuls wurde die Pariser Ausstellung „Les Années 25 – Art déco, Bauhaus, Stijl, Esprit Nouveau“ 1966 im Museum für dekorative Kunst, die eine Retrospektive auf die „Exposition Internationale des Arts Décoratifs et Industriels Modernes“ von 1925 – ebenfalls in Paris – darstellte. Seitdem werden die betreffenden Produkte des Kunsthandwerks, der Architektur, der Innenausstattung oder aber der Mode aus der Zeit zwischen den beiden Weltkriegen mit diesem Label versehen. Aber keineswegs alles, was in diesen Jahren auf dem Gebiet der angewandten Kunst entstand, ist dem Art déco zuzurechnen. Diese Epoche, die eine Zeit der Neuerungen, aber auch der Umbrüche und Katastrophen war, hat in Europa unterschiedliche künstlerische Strömungen, wie den Expressionismus, den Kubismus, die holländische de Stijl-Bewegung, das Bauhaus oder aber einen neuen Neoklassizismus, um nur die wichtigsten zu nennen, hervorgebracht. In der Architektur finden sich nicht selten an ein und demselben Bauwerk verschiedene Strömungen in trauter Gemeinschaft nebeneinander.

In dieser Publikation wird unter Art déco besonders jener Stil verstanden, der volkstümlich auch als Zickzack-Moderne bezeichnet wird. In der Leipziger Architektur finden wir diesen Dekorationsstil vor allem in den Jahren 1925–1930, wobei natürlich die Planungen oft zwei, drei Jahre früher liegen.

Bereits bevor das Art déco in Europa nach 1920 kurzzeitig zum beherrschenden Stil wurde, hatte der schottische Architekt und Designer Charles Rennie Mackintosh in seinen Entwürfen, z.B. im Wohraum des 1916 umgestalteten Hauses 78 Derngate,

Eingang des 1916 von Charles Rennie Mackintosh umgestalteten Hauses 78 Derngate, Northampton

Brüssel, Palais Stoclet, Architekt Josef Hoffman, 1905–1911

rechts: Werbegrafik für den Fritz-Lang-Film der UFA „Metropolis“

Frank Lloyd Wright, Unitarierkirche in Oak Park (Illinois)

Northampton, die wesentlichen Gestaltungselemente des neuen Designs entwickelt.[1] Auch in Bauten wie dem Brüsseler Palais Stoclet, 1905–1911 nach Entwürfen von Josef Hoffmann erbaut, oder aber in Arbeiten von Frank Lloyd Wright, wie der Innengestaltung der Unitarierkirche in Oak Park (Illinois, 1906)[2] sowie seinem Entwurf für eine Bleiverglasung „Skylight“ für das Haus B. H. Bradley in Illinois aus dem Jahre 1900, werden bereits geometrische Elemente der neuen Mode vorweggenommen.[3] Das Palais Stoclet gilt als Endpunkt des Wiener Jugendstils und zu Recht auch als Übergangswerk zum Art déco. Auch in Walter Gropius’ Interieur der Villa Adolf Sommerfeld von 1921/22 in Berlin-Steglitz finden sich Dekorationsmotive, die man heute dem Expressionismus beziehungsweise Art déco zurechnet. Bezogen auf Leipzig sieht der Wiener Kunsthistoriker Dieter Klein in Martin Dülfers Formensprache in der Schalterhalle der Dresdner Bank am Augustusplatz (1911–1913) ebenfalls frühzeitig eine derartige Stilistik.[4]

Das Art déco umfasste Kunsthandwerk und Industriedesign, die Architektur, Möbel-, Textil-, Mode-, Schmuck-, Glas- und Porzellangestaltung, darüber hinaus als einen wichtigen Bereich auch die Buch- und Plakatkunst. In Fritz Langs sozialutopischem Streifen „Metropolis“, dem ersten Science-fiction-Film der Filmgeschichte, verbindet sich Technikbegeisterung mit der Formenwelt des Art déco. Anders als etwa die holländische de Stijl-Bewegung oder aber das Bauhaus war das Art déco weder konzeptionell noch institutionell von einer formierten Gruppe von Künstlern ausgegangen.

„Die eleganten, anmutigen Formen des Art déco sind weitgehend den Pariser Couturiers zu verdanken. Die englische Arts-and-Crafts-Bewegung war von moralisierenden Sozia-

Leipzig, ehemalige Dresdner Bank, Goethestraße 3–5, Schalterhalle, Architekt Martin Dülfer, 1910/11

Roger de La Fresnaye (1885 bis 1925), Sitzender Mann, 1914, Öl auf Leinwand, 131 x 162 cm, Musée des beaux-arts de Rouen

listen ins Leben gerufen worden, die Wiener Werkstätten von dogmatischen Architekten geleitet, den deutschen Werkbund hatten Regierung und Industrie initiiert, doch das französische Art déco wurde durch die großen Modeschöpfer der französischen Hauptstadt geprägt".[5]

Die Arbeiten dreier französischer Künstler erfuhren auf der Pariser Schau von 1925 besondere Aufmerksamkeit. Zum einen war dies der Kunstschmied Edgar Brandt, der nach Entwürfen des Architekten Louis Faviers arbeitete und der den Haupteingang zur Ausstellung, die Pforte d' Honneurs schuf, zum anderen der Glaskünstler René Lalique, der einen nachts beleuchteten gläsernen Brunnen schuf, und schließlich der Möbeldesigner Jacques-Emile Ruhlmann, der seine Arbeiten 1925 in einem eigenen Pavillon ausstellte.

René Lalique (1860–1945), „Tourbillons" (Whirlwinds), 1926, Vase, 20,3 x 21,6 cm, Metropolitan Museum of Art, New York

Die Amerikanerin Thérèse Bonney, die 1923 in Paris eine erste amerikanische Bildagentur in Europa gründete, wurde mit ihrem leidenschaftlichen Interesse für Design und Architektur eine herausragende fotografische Dokumentaristin des Pariser Art déco. Sie fotografierte in Privathäusern, Salons, Ausstellungen, Bars und auf der Straße die Entstehung und Ausbreitung des neuen Stils. Zu ihren zahlreichen Künstlerfreunden gehörte auch Sonia Delaunay (1885–1979), deren „Seidenstoffe und Wollgewebe, mit geometrischen Mustern und leuchtenden Farben, vom Orphismus[6] und den simultanen Kontrasten[7] inspiriert, ...den Versuch [veranschaulichen], Strenge und Kostbarkeit miteinander zu verbinden".[8] Delaunays Stoffmuster drücken in besonders charakteristischer Weise den Geschmack der Zeit aus.

Paris, Rue La Fontaine, Studiohaus von Henri Sauvage, 1926 (unten Fassadendetail)

rechts: Paris, rond-point du pont Maribeau, Eingangsgitter, Architekten Bassompierre / Rutté & Sirvin, 1932

Das Art déco speist sich aus recht unterschiedlichen Quellen. An erster Stelle ist die Malerei des Kubismus zu nennen. Der Kubismus als eine der bedeutendsten Kunstströmungen am Beginn des 20. Jahrhunderts zerlegte den perspektivischen Raum in stilisierte, geometrische, scharfkantige und eindimensionale Formen. Diese neue Formensprache zielte in der Darstellung auf den vollständigen Bruch mit der Realität. Aus der Illusion der Naturformen werden abstrakte, schroffe Kunstformen, deren „Schönheit" in „Volumen, Linie, Masse, Gewicht" (G. Braque 1908)[9] besteht. An die facettierten Darstellungen dieser „ornamentalen" Malerei konnte das Design des Art déco nahtlos anknüpfen. Unter den prägenden Künstlern des neuen Stils sind an vorderer Stelle Georges Braque und vor allem Pablo Picasso mit seinem frühen Gemälde „Les Demoiselles d'Avignon" (1907) zu nennen. „Während die Designer der Moderne nach dem Ersten Weltkrieg darum kämpften, die Gesellschaft mit ihren utopischen Idealen von Funktionalität und Sportivität zu transformieren, nahm die Moderne oder besser das modernistische Design – ein modisches Amalgam der neuen, reduzierten Formen und der alten dekorativen Tendenzen – die Welt der Konsumenten im Sturm ein".[10] Was in der bildenden Kunst des deutschen Expressionismus – etwa der Brücke-Künstler um Ernst Ludwig Kirchner, Karl Schmidt-Rottluff und Erich Heckel – 1905 als avantgardistischer Auf- und Ausbruch begann, holte das Art déco ins beschaulich Bürgerliche, das heißt Kunsthandwerkliche zurück.

Eigentlich ist es kaum möglich, den Begriff des Art déco auf die Malerei anzuwenden, denn er ist rein dekoratives Programm. Trotzdem wird man wohl nicht zögern, Tamara de Lempicka (1898–1980), „deren Frauenbildnisse mythologischen Göttinnen des Zeitalters

links: Löbau, Haus Schminke, Architekt Hans Scharoun, 1932/33

Leipzig, Konsumzentrale, Architekt Fritz Höger, 1929–1932

der Wolkenkratzer, des Charleston und der schicken Automobile gleichen"[11], mit ebendiesem Stil zu identifizieren. Ihr Bild „Autoporträt" aus dem Jahre 1925 unterscheidet sich nicht von zeitgleicher Autoreklame.

Bedeutsam bei der Herausbildung des neuen Stils war die tschechische Hauptstadt Prag. Schon vor dem Ersten Weltkrieg wurden hier Gebäude im Stil eines sehr plastischen, teils aber auch noch etwas schwerfälligen Kubismus errichtet. Nach Paris wurde Prag zum zweiten Zentrum des europäischen Kubismus. Ein architektonisches Hauptwerk jener Epoche ist das Kaufhaus Zur schwarzen Mutter Gottes in der Prager Altstadt von Josef Gocar aus den Jahren 1911/12. In den Jahren 1993/94 wurde das Haus denkmalgerecht saniert. In den oberen Etagen zeigt das Tschechische Museum der bildenden Künste eine Dauerausstellung kubistischer Malerei, Kunsthandwerk, Bildhauerei und Architektur. Sehenswerte Bauten des Art déco finden wir aber nicht nur in den großen westlichen Metropolen, sondern durchaus auch in kleineren Städten.

Um 1930 wurden die Stromlinienformen zum wichtigsten Beitrag des amerikanischen Art déco. 1927 führte der Autobauer Chrysler erste Modelltests im Windkanal durch. Der Geschwindigkeitsrausch erfasste das Industriedesign der Zeit. Automobile, Lokomotiven und Ozeandampfer wurden im Look der neuen Ära gebaut. Der Streamline Style wurde zur Metapher von Modernität schlechthin, er suggerierte technischen Fortschritt, Dynamik und Geschwindigkeit. Seine Kennzeichen sind die gerade Linie, gerundete Ecken und oft eine Affinität zum Schiffsbau. In der deutschen Architektur stehen für diesen fließenden Stil z. B. Hans Scharouns Haus Schminke in Löbau (1932/33), das Kaufhaus Schocken

Prag, ehemaliges Kaufhaus Zur schwarzen Mutter Gottes, Architekt Josef Gocar, 1911/12, Portal und Straßenansicht

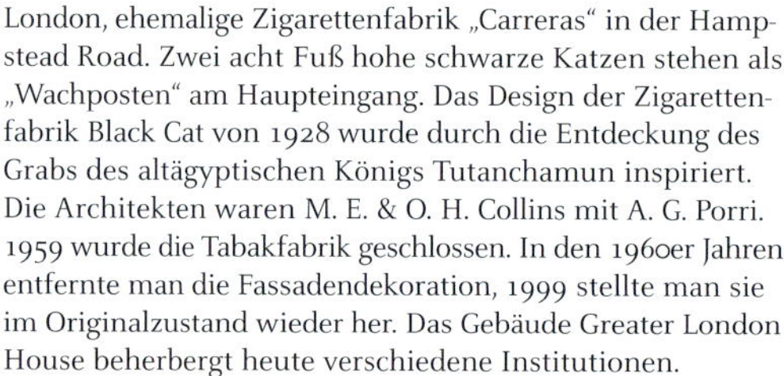

London, ehemalige Zigarettenfabrik „Carreras“ in der Hampstead Road. Zwei acht Fuß hohe schwarze Katzen stehen als „Wachposten“ am Haupteingang. Das Design der Zigarettenfabrik Black Cat von 1928 wurde durch die Entdeckung des Grabs des altägyptischen Königs Tutanchamun inspiriert. Die Architekten waren M. E. & O. H. Collins mit A. G. Porri. 1959 wurde die Tabakfabrik geschlossen. In den 1960er Jahren entfernte man die Fassadendekoration, 1999 stellte man sie im Originalzustand wieder her. Das Gebäude Greater London House beherbergt heute verschiedene Institutionen.

London, das ehemalige Kino Carlton in der Essex Road, 1930 erbaut, Architekt George Coeles. Die Fassade ist durch die Tempel von Karnak inspiriert. Den Mittelteil gliedern klassische ägyptische Säulenmotive. Heute wird das Gebäude durch eine christliche Gemeinde genutzt. Weitere Kinos im ägyptischen Stil in London sind das Kensington (1926), der Carlton Upton Park (1929), der Luxor, Twickenham (1929) und das Astoria Streatham (1930).[12]

New York, Chrysler Building, Architekt William von Ahlen, 1930

in Chemnitz (1928–1930 von Erich Mendelsohn) und die Shellhochhäuser in Berlin (1930 bis 1932 von Erich Fahrenkamp). Auch Fritz Högers Leipziger Konsumzentrale in Plagwitz (1929–1932) darf man mit Einschränkungen dazu zählen.

Amerikas wohl wichtigster Beitrag zum Art déco waren zweifellos die New Yorker Hochhausgestaltungen, wie das Chrysler Building, das Rockefeller Center sowie das Empire State Building. „Das Chrysler Building ..., 1930 nach einem Entwurf William von Ahlens errichtet, stellt beeindruckend den Übergang dar von der ersten Phase des Art déco – jazzig Zig-zag-Moderne genannt – zu seiner zweiten, genannt Streamline Moderne.“[13]

Einen wichtigen Impuls erhielt das moderne Design durch die Entdeckung des märchenhaft ausgestatteten Pharaonengrabs des Tutanchamun am 4. November 1922 im Tal der Könige durch den englischen Archäologen Howard Carter. In der Unterhaltungsindustrie und in der Modewelt brach eine unglaubliche Ägyptenbegeisterung aus. Die exotische Ornamentik und die klare Farbigkeit Gold, Lapislazuli und Ocker traf den Geschmacks-

Farbentwürfe des Leipziger Architekten Johannes Koppe (1883–1959) für Treppenhaus-ausmalungen

nerv der Zeit. Als Formen wurden geometrische Strahlenbündel, Sonnenscheiben, Skarabäen und Cleopatrafrisuren übernommen. Besonders die Schmuckindustrie reagierte auf den neuen Trend, z. B. mit Schmuckanhängern unter direkter Verwendung ägyptischer Motive. In London entstanden Kinos und Geschäftshäuser im ägyptischen Stil.
Neben der ägyptischen war es die Kultur der Inkas, deren indianische Muster die Designer inspirierten. Auch das Motiv der aztekischen Stufenpyramide fand Eingang in das Gestaltungsvokabular.

JHRE TAPETE SPIEGELT JHREN GESCHMACK

MODE, GRAFIK, KUNSTHANDWERK

Entwurf für die Ausmalung einer Weindiele, Oskar Zwinscher, um 1925

Besonders in der Frauenmode zeigte sich der neue Geist der zwanziger Jahre. Hatten die Frauen während des Ersten Weltkriegs die Positionen der Männer in Wirtschaft und Verwaltung übernommen, so war es danach natürlich nur allzu verständlich, dass sie nicht daran dachten, an den häuslichen Herd zurückzukehren. Schon rein äußerlich war ein anderer, selbstbewusster Frauentyp angesagt. Die moderne Frau trug den kinnlangen glatten Bubischnitt mit kurzem Pony. Der topfförmige Hut wurde tief ins Gesicht gezogen. Man bevorzugte gerade geschnittene Kleider aus dünnen Stoffen in strenger Eleganz mit tief liegender Taille. Die emanzipierte neue Frau gab sich sportlich und androgyn. Lässig-elegante Kleidung und die charakteristische Zigarettenspitze frivol im Mund, das waren die entsprechenden Attribute der emanzipierten Frau der Zwanziger, die sich durch Sport oder gymnastische Übungen fit hielt und eine bis dahin nicht gekannte Erotik ausstrahlte. Die Zeit von Mieder und Korsett war endgültig vorbei.

Ein weites Feld tat sich dem neuen Ornament in der Buchgestaltung und in der Werbung auf. Gerade in der Gestaltung von Grafik und Schrift zeigte sich die Innovationskraft des Art déco. Auf beiden Gebieten hat die Messe- und Buchstadt Wesentliches beigetragen. 1927 fand im Leipziger Museum der bildenden Künste die Internationale Buchkunstausstellung (IBA) statt, die unter maßgeblicher Beteiligung von Hugo Steiner-Prag als dem Vorsitzenden des Vereins Deutscher Buchkünstler organisiert wurde. Steiner-Prag (1880 Prag–1945 New York) gehörte zu den führenden Buchkünstlern seiner Zeit. In den Jahren 1907–1933 war er als Professor an der hiesigen Staatlichen Akademie für Graphische Künste und Buchgewerbe tätig. Wegen seiner jüdischen Herkunft wurde er von den

Werbung für Seife der Firma Elida Parfümerie Leipzig-Wahren in der Illustrierten Zeitung, Leipzig 1928

Kinowerbung, nach 1930

rechts: Umschlaggestaltung einer Messebroschüre, Erich Gruner, 1928

Schranktür, Art-déco-Ornament, geschnitzt, lackiert, H 170 cm, B 64 cm, Rudolf Oelzner, 2. Hälfte der 1920er Jahre, GRASSI Museum für Angewandte Kunst Leipzig

Nationalsozialisten ins Exil getrieben. Auf der Schau, auf der 1 100 Buchkünstler etwa 20000 Arbeiten zeigten, waren auch namhafte Leipziger Buchgestalter vertreten: Die Kunstbuchbinder Otto Ulrich Fischer (geb. 1887) und Heinrich Vahle (geb. 1881) hatten exklusive Einbandgestaltungen im Art-déco-Stil eingereicht, die immerhin im nur sparsam bebilderten Ausstellungskatalog gezeigt wurden.

Der Maler und Grafiker Erich Gruner (1881–1966), der in jenen Jahren künstlerischer Beirat des Leipziger Messeamts war, hat eine große Zahl von Art-déco-Arbeiten geschaffen. Besonders bekannt ist sein MM-Signet für die Leipziger Mustermesse aus dem Jahre 1917 geworden, das in seiner klaren, blockhaften Typografie zu einem weltweit bekannten Markenzeichen wurde. Gruner schuf aber auch eine große Zahl von Plakaten, Werbeschriften, Modeentwürfen u. a. Werbeplakate waren überwiegend in klarer geometrischer Gestaltung und ebenso klarer Farbigkeit mit deutlich blockhafter Schrift ausgeführt. Gruner war es auch, der dem jungen, hochbegabten Schriftgestalter Jan Tschichold Aufträge für Inseratentwürfe der Leipziger Messe zukommen ließ. Darüber hinaus war Tschichold auch für den Insel-Verlag tätig. Der junge Tschichold zeigte sich stark beeindruckt vom Besuch der Weimarer Bauhausausstellung des Jahres 1923 und von der Malerei László Moholy-Nagys und El Lissitzkys. Allein im Jahr 1925 hat er Hunderte seiner kalligrafischen Meisterstücke geliefert. All diese neuen Schriftgestaltungen mussten noch von Hand gezeichnet werden, denn setzen konnte man so etwas damals nicht, weil es entsprechende Schrifttypen noch gar nicht gab. Das Deutsche Buch- und Schriftmuseum in der Deutschen Nationalbibliothek zu Leipzig bewahrt eine große Zahl seiner avantgardistischen

Reklamemalerei für Kraftwagen und Geschäftshaus, Studienarbeit in der Klasse Werbung an der Kunstgewerbeschule Leipzig, 1931

Werbe-Faltblatt für den Messestand von Gerasch-Druck auf der Reklamemesse im Ringmessehaus, Entwurf Jan Tschichold, 1927, Deutsche Nationalbibliothek Leipzig

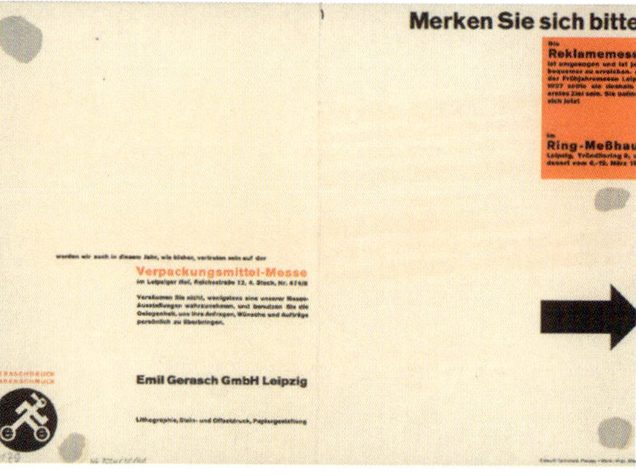

Gestaltungsentwurf für eine Hausfassade, Klasse für Dekorative Malerei an der Kunstgewerbeschule Leipzig, 1929

Arbeiten. Der 1902 als Sohn eines Schriftmalers in Leipzig geborene Tschichold wurde zu einem der Pioniere der modernen Typografie. Er studierte ab 1919 an der Leipziger Akademie für Graphik und Buchkunst in der Schriftklasse von Professor Hermann Delitzsch und danach an der Kunstgewerbeschule in Dresden. Von 1926 bis 1933 war er an der Meisterschule in München bei Paul Renner, der 1927 die Schrifttype „Futura“ entwarf, tätig, bevor er vor den Nationalsozialisten 1933 ins Schweizer Exil nach Basel floh. Die Stadt Leipzig verlieh ihm 1965 den Gutenberg-Preis. Er starb 1974 in Berzona im Tessin.[14]

In der Leipziger Gold- und Silberschmiedekunst der 1920er/1930er Jahre verdient der Juwelier Ernst Treusch (1881 Hanau–1968 Leipzig) besondere Aufmerksamkeit. Etwa ab 1928 betrieb er eigene Werkstätten für handgeschmiedetes Silber. Für Treusch arbeiteten die Künstler Robert Fischer, Erna Dürr und Willi Stoll. Treusch verarbeitete als einer der ersten deutschen Juweliere ausschließlich das in England und Amerika schon länger gebräuchliche 925-karätige Sterlingsilber. Sein Geschäft befand sich von 1909 bis 1943 Petersstraße 7 (im Zweiten Weltkrieg zerstört) und ab 1950 im Messehof, in der Petersstraße 15, wo die Firma noch bis zum Tode seines Sohnes Armin Treusch im Jahre 1982 bestand. Für die Gestaltung seiner Werbeschriften war der bereits genannte Grafiker Erich Gruner tätig. Das GRASSI Museum für Angewandte Kunst besitzt eine Reihe repräsentativer Arbeiten aus der Werkstatt Treuschs, der zwischen 1928 und 1932 u. a. an den Leipziger Grassimessen teilnahm. Um 1930 hatte er seine „Werkstatt, die Schmuck und handgeschmiedetes Korpussilber von überzeugend moderner Formensprache hervorbrachte“, „zu einer der führenden der Branche in Sachsen, ja in ganz Deutschland“ ausgebaut.[15]

Der Schmuck – Zeitschrift für Geschmacksfragen in der Goldschmiedekunst, Hauszeitschrift des Leipziger Juweliers Ernst Treusch, Titelblatt, 1929, und Inhaltsseite, 1928, entworfen von Erich Gruner, GRASSI Museum für Angewandte Kunst Leipzig

Werbung für Rosodont Zahnpaste, Illustrierte Zeitung, Leipzig, 1929, Stadtgeschichtliches Museum Leipzig

Gestaltungsvarianten des Signets für das Leipziger Messeamt, Erich Gruner

Wohnzimmermöbel im Art-déco-Stil, Stadtgeschichtliches Museum Leipzig. Leihgeberin: Karin Duckworth, Nottingham, Großbritannien.
Die Wohnzimmermöbel wurden 1926/27 im Auftrag und nach eigenen Entwürfen des Markranstädter Kunstlehrers Friedrich Dietrich in der Werkstadt von Alfred Franke in Markranstädt gefertigt. Sie sind mit kaukasischem Nussbaumholz furniert.

Tasse im Art-déco-Stil, Rosenthal Bavaria, Dekor Madeleine, 1934, Privatbesitz

Restaurierte Möbel im Konferenzraum und im Direktorenzimmer des Museums für Völkerkunde Leipzig aus der Erbauungszeit (1925–1929)

DIE ORNAMENTIK DES ART DÉCO IN DEUTSCHLAND

In ihrer verdienstvollen Arbeit „Art déco in Deutschland. Das moderne Ornament" zeigt Catherina Berents, „dass es sich [bei dem modernen Ornament] um eine neue Stilkunst handelt, die medien- und materialunabhängig einen Großteil der Architektur und der angewandten Kunst in der Zwischenkriegszeit bestimmt". Trotz avantgardistischer Manifeste wie Adolf Loos' Schrift „Ornament und Verbrechen" wurden die 1920er Jahre zu einer großen Zeit völlig neuartiger Ornamentik, wobei, etwas vereinfacht ausgedrückt, die geschwungene, fließende Linie des Jugendstils durch die scharfkantig gebrochene des Art déco abgelöst wird. Oft wird die klassische Ornamentik lediglich in eine neue Designsprache übersetzt, so beispielsweise bei Pfeilerkapitellen (vgl. Karl-Liebknecht-Straße 145) und Bandornamenten. Berents hat folgende Leitmotive der neuen Ornamentik herausgearbeitet: Dies sind der C-Schwung, das Schwalben- oder Bogenmotiv, das Agavenmotiv, das Zickzackmotiv, das Stufenmotiv und das Winkel-Zirkelschlag-Motiv.

Das Zickzackmotiv kann als das Hauptmotiv der neuen Ornamentik bezeichnet werden. Es kann als rhythmisch gebrochene Zackenlinie, als vollplastisches Element oder aber auch als geometrisches Flächengliederungsschema auftreten, beispielsweise bei Agavendarstellungen.

Den C-Schwung findet man in vegetabilen und rein geometrischen Ornamentgestaltungen, darüber hinaus aber auch im Figürlichen (z.B. am Portal des Ringmessehauses). Wenn C-Schwünge additiv aneinander anschließen, spricht man vom Schwalben-Bogen-Motiv. Besonders beliebt ist auch das Stufenmotiv bei der dekorativen Flächengliederung, zumeist zusammen mit weiteren Elementen.

links: Dresden, Mosaikbrunnen im Großen Garten, Entwurf von Hans Pölzig, 1922

Typische Dekorationsmotive im Art-déco-Stil, bemalte Balkendecke, Entwurf Ignaz Winkler (Malerzeitung Leipzig, 1926/27, GRASSI Museum für Angewandte Kunst Leipzig

Im Winkel-Zirkelschlag-Motiv werden quasi C-Schwung und Stufe zu einer weiteren charakteristischen Ornamentform vereinigt. Die Agave ist das beliebteste Pflanzenornament des Art déco, das in kaum einer komplexen Gestaltung fehlt. Am Grassimuseum Leipzig bekrönt es gar in überdimensionaler Ausführung das Dach des Haupteingangs am Mittelbau. Eine besonders gelungene Anwendung der Agave-Form gelang Hans Poelzig 1926 mit dem Mosaikbrunnen im Großen Garten zu Dresden.

Augenfälliges Merkmal der plastischen Ornamentik ist die sogenannte Gratbildung der linearen Elemente. Die scharfkantige Konturierung verleiht dem Ornament eine expressive Bewegung im Arrangement sowohl des Flächendekors als auch im Figürlichen. Zudem entstehen klare Licht- und Schattenseiten, die dem oft flächigen Dekor auf Putz- oder Stuckflächen zusätzliche Spannung verleihen.

Titelabbildung der Illustrierten Zeitung, Leipzig, März 1928, signiert mit „clauss“

DIE ARCHITEKTUR DES ART DÉCO IN DEUTSCHLAND UND IN EUROPA

Wenn in dieser Publikation von einer Architektur des Art déco gesprochen wird, so könnte das leicht auf Skepsis stoßen. Man wird fragen, ob es eine deutsche Architektur des Art déco überhaupt gibt. Unstrittig ist, dass bestimmte Bauten nach dem Ersten Weltkrieg, die den Eindruck „frei geformter, abstrakter, monumentaler Plastik vermitteln“[16] als expressionistisch gelten.

Wenn Lothar Lang mit Blick auf die deutsche Buchkunst zwischen 1907 und 1927 feststellte, dass der „deutsche Expressionismus ... eine Kunst des Aufschreis und der Empörung gegen die bourgeoise Wirklichkeit aber auch der Verheißung auf ein besseres Zeitalter“[17] war, so trifft dies auch auf die frühe expressionistische Architektur nach dem Ersten Weltkrieg zu, die in jener Zeit stark sozialreformerisch ausgerichtet war. Viele Künstler hatten den Ausbruch des Ersten Weltkriegs begrüßt und sich von ihm, einem reinigenden Gewitter gleich, den Untergang der überlebten Verhältnisse versprochen. Entsprechend visionär waren die künstlerischen Konzepte nach dem Krieg. Bruno Taut und Alfred Behne initiierten 1918 unter dem Eindruck der Novemberrevolution den Arbeitsrat für Kunst, eine lose Vereinigung von Künstlern und Kunstschriftstellern. Ihm gehörten u. a. die bildenden Künstler Käthe Kollwitz, Karl Schmidt-Rottluff, Erich Heckel, Max Pechstein und Georg Kolbe sowie die Architekten Walter Gropius, Bruno und Max Taut, Otto Bartning, Ludwig Hilberseimer und Hans Poelzig an.

Hamburg, Chilehaus, Architekt Fritz Höger, 1921–1924, links: Fassadenornamentik

Unter dem späteren Namen „Gläserne Kette“ tauschen jene fortschrittlichen deutschen Architekten aus dem Arbeitsrat für Kultur um ihren „Fackelträger“[18] Bruno Taut vom November 1919 bis Ende 1920 in anonymen Rundbriefen ihre teils sozialutopischen

Bauhaussignet von Oskar Schlemmer, 1922

rechts: Weimar, ehemalige Kunstschule, heute Bauhausuniversität Weimar, 1904/05 nach Entwürfen von Henry van de Velde erbaut, 1919 bis 1925 Sitz des Bauhauses

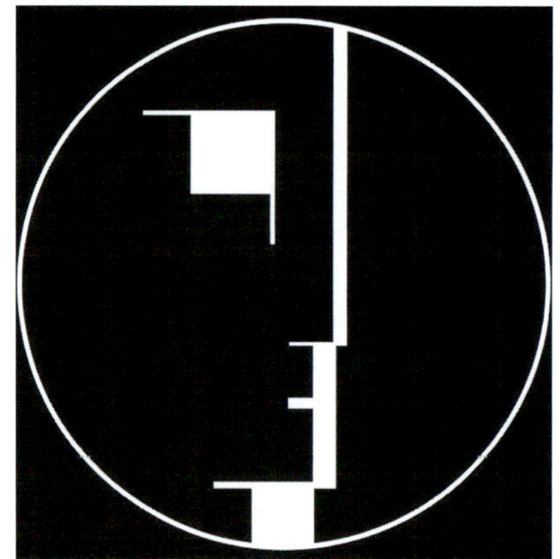

Ideen zur neuen deutschen Architektur aus. Unter anderem entstand unter Tauts Führung ein Aufruf zum farbigen Bauen, den Taut nur wenig später als Stadtbaurat von Magdeburg wirkungsvoll in die Tat umsetzen sollte. Zu einem wichtigen Anknüpfungspunkt jener Architekten gehörte die Urform des Kristalls, aber auch das Bauen mit Glas. Wie sehr Walter Gropius 1919 bei der Gründung des Weimarer Bauhauses noch einem sozialutopischen Expressionismus verpflichtet war, zeigt nicht zuletzt das Titelbild des Bauhaus-Manifests, der berühmte Holzschnitt von Lyonel Feininger mit der „Kathedrale des Sozialismus".

„Der Expressionismus wollte nicht den Geschmack aufgeschlossener Kenner befriedigen, sondern die Gesellschaft verändern. Er wollte nicht geschmeidige Formengebilde mit der schönen Epidermis der Erscheinung überziehen, sondern zu den Grundfesten des Lebens vorstoßen."[19] Hier zeigt sich der entscheidende Unterschied zur Art-déco-Architektur der zweiten Hälfte der 1920er Jahre in Deutschland, die absolut ideologiefrei und rein dekorativ war.

Es ist interessant zu sehen, wie sich das 1919 von Walter Gropius gegründete „spätromantisch-expressionistische Bauhaus"[20] unter dem Einfluss des „de Stijl"-Künstlers Theo van Doesburg, der 1921/22 in Weimar Vorträge hielt und Schriften verfasste, zum Funktionalismus wandelte. Noch 1921 hatte Gropius das expressive Denkmal für die Märzgefallenen als einen versteinerten kubistischen Blitz entworfen. War noch 1919 im Bauhausmanifest zu lesen, dass man zum „Handwerk zurückmüsse", so war mit dem Neuanfang 1926 in Dessau ein rückhaltlos funktional-industriemäßiger Kurs in der Architektur verbunden.

links: Denkmal für die Märzgefallenen, Entwurf Walter Gropius, 1921. Es ist heute nur noch als Replik auf dem Historischen Friedhof in Weimar vorhanden, Aufnahme 1934 vor der Zerstörung durch die Nationalsozialisten

Potsdam-Babelsberg, Einsteinturm, Architekt Erich Mendelsohn, 1921

Herausragende Beispiele der Architektur des Expressionismus in Deutschland sind Fritz Högers Chilehaus in Hamburg (1921–1924), die von drei Glaskuppeln belichtete Pfeilerhalle der Farbwerke Hoechst in Frankfurt am Main von Peter Behrens (1920–1924) oder aber die Berliner Kreuzkirche am Hohenzollerndamm von Ernst und Günter Paulus (1927–1929).

Auch Erich Mendelsohns Potsdamer Einsteinturm wird überwiegend diesem Stil zugerechnet, obwohl er doch mit seinen organischen Formen so ganz und gar anders ist und nichts von der scharfkantigen Brüchigkeit der Bauten des Expressionismus der frühen zwanziger Jahre hat. Er sollte vielmehr die erste Verwirklichung eines dynamischen plastischen, skulpturalen Stahlbetonbaus werden. Dies misslang, denn der Bau wurde nicht in Beton gegossen, sondern musste überwiegend traditionell in Mauerwerksbau errichtet werden. Die bautechnische Ausführungsqualität war derart desaströs, dass bereits 1926, nur fünf Jahre nach der Fertigstellung, eine Grundsanierung erforderlich war. Die Architektur basierte auf einer Skizze, die Mendelsohn schon an der Front im Ersten Weltkrieg gemacht hatte. Angesichts all dieser Unzulänglichkeiten in der Bauausführung sah sich Julius Posener zu der Einschätzung veranlasst, Mendelsohn habe an diesem Bau die Erfahrung gemacht, dass man Skizzen nicht bauen kann.[21] Dennoch ist der Turm heute eine Inkunabel deutscher Architekturgeschichte, die vom phantasiereichen Weg bei der Suche nach neuen Ausdruckformen und industriegemäßen Technologien zeugt.

Von Art-déco-Architektur kann man immer dann sprechen, wenn die Bauten mit der Ornamentik jener Zeit dekoriert sind. Dies kann Fassaden und Innenräume gleicher-

Paris, Wohnhausgruppe und dazugehörende Eingangstüren, Architekt Robert Mallet-Stevens, 1927

maßen betreffen. Ein hervorragendes Beispiel einer Art-déco-Innenausstattung schuf Oskar Kaufmann 1926, als er das Berliner Renaissance-Theater im Art-déco-Stil geradezu märchenhaft umgestaltete und es zu einer Demonstration des neuen Stils machte. Es gilt heute als das einzige vollständig erhaltene Theaterinterieur des Art déco in Europa.

Ein Blick in die französische Hauptstadt zeigt, dass sich die Architektur des Pariser Art déco um einiges von den Bauten des deutschen Expressionismus beziehungsweise seiner späteren eher rein dekorativen Phase unterscheidet. Drei Beispiele sollen der Illustration dienen:

Ein bekanntes Werk des Pariser Art déco ist das Kaufhaus Samaritaine am Pont-Neuf, direkt an der Seine gelegen. Es ist ein vertikal gegliederter Bau mit trapezförmig eingestelltem Fenstererkern und einem abgestuften Dachaufbau. Die steinernen Fassadenelemente sind in sich geometrisch strukturiert.

Henri Sauvage (1873–1932) erbaute 1926 an der Rue Lafontaine ein mehrgeschossiges Studiohaus, das durch die Verwendung mehrfarbiger Keramik eine Sonderstellung beansprucht und dabei vor allem durch seine flächige Polychromie ausgesprochen leicht und heiter wirkt. Hier wie an einigen anderen Bauten des Pariser Art déco ist eine gewisse Affinität zum früheren Jugendstil nicht zu übersehen.

Robert Mallet-Stevens (1886–1945) war ein Hauptvertreter des französischen Art déco, beeinflusst von den Arbeiten des Glasgowers Charles Rennie Mackintosh (1868–1928) und des Wieners Josef Hoffmann (1870–1956). Seine kubische Wohnhausgruppe für eine anspruchsvolle Klientel von Malern, Filmregisseuren und Architekten aus dem Jahre 1927

Paris, Kaufhaus Samaritaine am Seine-Ufer nahe Pont-Neuf, Umbau 1933 im Stil des Art déco durch Henri Sauvage

Brüssel, Palais du Heysel, Architekt Joseph van Neck, 1931–1935

erinnert in ihrer differenzierten Anordnung weißer Körper zunächst an die besten Beispiele der zeitgleichen klassischen Moderne, wie etwa an Walter Gropius' Meisterhäuser (1925/26) in Dessau. Besonders im Vergleich mit dem nur wenige Straßen entfernten Wohngebäude „Villa La Roche & Jeanneret" (8–10 Square du Dr Blanche), ein strenger, asketischer, kompromissloser Funktionalismus von Le Corbusier aus dem Jahre 1923, werden aber entscheidende Unterschiede in der Architektursprache deutlich. Mallet-Stevens' geradezu spielerische Verschachtelung der weißen Kuben wird ergänzt durch modische dekorative Accessoires, die sich z.B. an Eingangstüren, Spritzwassersockeln und Bleiverglasungen zeigen.

Im Brüsseler Stadtteil Laeken, unweit des Atomiums, wurde in den Jahren 1931–1935 nach Plänen des Architekten Joseph van Neck das Palais du Heysel aus Anlass der Jahrhundertfeier des belgischen Staates errichtet. Die kolossale Ausstellungsarchitektur ist mit einer großen planerischen Geste, geradezu wie eine barocke Schlossanlage, in die Landschaft integriert. Das Ensemble atmet in all seinen Details den Geist des Art déco, zu dessen belgischen Hauptwerken es zu rechnen ist.

Victor Horta (1861–1947), der belgische „Großmeister" des Jugendstils, demonstriert dagegen am in den Jahren 1919 bis 1928 erbauten Palais des Beaux-Arts in der Rue Ravenstein in Brüssel einen dekorativen Stil, der die Natursteinfassade kleinteilig geometrisch skulpturiert und so eine fast schon ornamentale Wirkung erzielt.

DIE GOLDENEN ZWANZIGER JAHRE IN DER MESSESTADT LEIPZIG

Werbung für den Lederwarenfabrikanten Moritz Mädler, Entwurf Heiligenstädt

Bedenkt man die ungeheuren politischen und wirtschaftlichen Turbulenzen der Zeit zwischen dem Ende des Ersten Weltkriegs im Jahre 1918 und der Machtergreifung Hitlers im Jahre 1933, so fragt man sich rückblickend, wieso diese wenigen Jahre in der ersten deutschen Republik, die zunächst programmatisch in der Klassikerstadt Weimar ihren Regierungssitz hatte, in Kunst, Kultur, Wissenschaft und Wirtschaft derartig innovative Kräfte freisetzen konnte. Novemberrevolution, Arbeiter- und Soldatenräte und Abdankung des deutschen Kaisers Wilhelm II. im Jahre 1918, Versailler Vertrag 1919, Reparationszahlungen, Kapp-Putsch 1922 und Hamburger Arbeiteraufstand 1923, Inflation 1923 und Weltwirtschaftskrise 1929/30 und Massenarbeitslosigkeit waren eigentlich Rahmenbedingungen, die alles andere als ein goldenes Jahrzehnt vermuten lassen. Doch durch die Aufhebung des kaiserlichen Kunstdiktats und die Überwindung überholter bigotter bürgerlicher Moralvorstellungen entfaltete sich ein freies öffentliches großstädtisches Kulturleben, das alle Tabus brach. Zwar gab es auch im Kaiserreich offiziell keine Zensur mehr, aber die Möglichkeiten der Presse und des Strafgesetzbuchs wurden vom Staat weidlich genutzt, um unliebsame politische und künstlerische Äußerungen zu unterbinden.
Am Ende des Ersten Weltkriegs, zur Silvesternacht 1918, veranstaltete das Leipziger Arbeiter-Bildungs-Institut in der Alberthalle des Krystallpalasts eine Friedens- und Freiheitsfeier, zu der Arthur Nikisch Ludwig van Beethovens 9. Sinfonie mit dem Schlusschor über Schillers Ode „An die Freude“ aufführte. Dies war durchaus als ein symbolischer Akt der bis dahin unterdrückten Klasse zu verstehen. Das Ende des Kriegs und der Sturz des Kaiserreichs wurden allgemein als Verheißungen auf eine bessere Zukunft

Kinowerbung nach 1930
von links: Möbelhaus Michaud, Café auf dem Europahaus am Augustusplatz, Opelhaus und Tankstelle am Johannisplatz

angesehen. Die Großstadt wurde zur universellen Trägerin eines neuen, allen Menschen offenstehenden Kulturlebens. 1929 erschien Alfred Döblins Roman „Berlin Alexanderplatz", der das Leben eines einfachen Mannes, Franz Biberkopf, und das Großstadtleben zum Thema hatte.

Zwei Erfindungen veränderten die Alltagskultur auch der weniger betuchten Menschen entscheidend. Dies waren zum einen der Rundfunk und zum anderen der Tonfilm. Nach Berlin nahm in Leipzig die Mitteldeutsche Rundfunk AG (MIRAG) als zweiter deutscher Rundfunksender am 1. März 1924 den Sendebetrieb auf: „Hallo – hallo, hier ist Leipzig, hier ist der Leipziger Meßamtssender der Reichs-Telegraphen-Verwaltung für Mitteldeutschland, wir senden auf Welle 450!"[22] Gesendet wurde in den ersten fünf Jahren aus Räumlichkeiten im ersten Stock der Alten Waage am Markt. Das Ereignis fand am Vorabend der Frühjahrsmesse statt. Natürlich wurde auch eine Radio-Sondermesse abgehalten, auf der die ersten Radiogeräte zu sehen waren. Mit der Machtergreifung Hitlers im Jahre 1933 wurde der sogenannte Volksempfänger als wichtiges Propagandainstrument der Nazis eingeführt. Der erste Volksempfänger, der auch bei der Firma Körting in Leipzig gebaut werden musste, trug die Typenbezeichnung „Volksempfänger VE 301 W", die auf das Datum der Machtübernahme der Nationalsozialisten verwies. Das Gehäuse war aus Bakelit hergestellt, einem der revolutionären neuen Werkstoffe der Zeit, der zu Beginn des Jahrhunderts erfunden worden war.

Neben dem Radio war es der Tonfilm, der die Menschen der ausgehenden zwanziger Jahre elektrisierte. Der erste vollwertige Tonfilm „The Jazz Singer" gelangte 1927 in

Ehemaliges Bankhaus Kroch, Goethestraße 2, 1927/28, Architekt German Bestelmeyer (1874–1942), Neptunbrunnen im heute dort ansässigen Ägyptischen Museum der Universität Leipzig und Reliefdarstellung an der Fassade. Der gesamte bildnerische Schmuck stammt vom süddeutschen Bildhauer Josef Wackerle (1880–1959)

Sogenannter Volksempfänger, Typ VE 301W1933, Gehäuse Bakelit, Sammlung Hagen Pfau, Leipzig

New York zur Uraufführung. 1929 folgte der UFA-Tonfilm „Melodie des Herzens". Dies hatte den Bau Tausender neuer Kinos in Deutschland zur Folge, die oft im Art-déco-Stil gestaltet waren. Obwohl Leipzig bereits vor dem Ersten Weltkrieg große Stummfilmkinos besaß, kamen nun weitere attraktive Lichtspielhäuser hinzu. Eines der architektonisch interessantesten, das Capitol im Petershof aus dem Jahre 1929, wurde leider 2003 abgebrochen. Lediglich die Fassade und der Lichthof erinnern heute noch an den Ort der frühen Tonfilmzeit. Die Schauburg in der Antonienstraße aus dem Jahre 1928 hat sich dagegen bis heute erhalten. Rund 50 Kinos hat es in den dreißiger Jahren in Leipzig gegeben.

Die zwanziger Jahre wurden eine Zeit der Experimente aller künstlerischen Strömungen in Literatur, Theater, Musik und der bildenden Kunst. 1930 wurde im Leipziger Neuen Theater am Augustusplatz Brechts sozialkritisches Stück „Aufstieg und Fall der Stadt Mahagonny" uraufgeführt. Aus Amerika kam der Jazz nach Europa. Die afroamerikanische Tänzerin Josephine Baker, die „schwarze Venus", eroberte mit dem Charleston das Pariser und zu Beginn des Jahres 1926 auch das Berliner Publikum. Im Städtebau trat die Hochhausproblematik auf die Tagesordnung deutscher Städte. In Leipzig entstanden 1927/28 das Bankhaus Kroch von German Bestelmeyer aus München an der Goethestraße sowie das Europahaus am Augustusplatz von Otto Paul Burghardt, beide mit Anklängen an das Art déco. Unausgeführt blieben dagegen allzu ambitionierte Messehausprojekte von Stadtbaurat James Bühring für einen Standort an den Frankfurter Wiesen und der 30-geschossige, 126 Meter hohe Stahlbeton-Messeturm, den Emanuel

links: Messeturm Roßplatz, unausgeführter Entwurf von Emanuel Haimovici und Richard Tschammer, 1920

Leipzig-Lößnig, Wohnanlage Rundling, Architekt Hubert Ritter, 1929/30

Haimovici und Richard Tschammer 1921 für den Standort Fleischerplatz entworfen hatten. Ebenso wenig Realisierungsaussichten hatte 1920 die Planung für einen Welthandelspalast, der das gesamte Gelände der heutigen Schwanenteichanlage überbaut hätte. Mit geplanten ca. 200 000 qm Ausstellungsfläche hätte der Monumentalbau ebensoviel Ausstellungsfläche besessen wie alle damaligen Leipziger Messehäuser zusammen.[23] In den zwanziger Jahren war Leipzig nicht nur endgültig zum ersten Messeplatz der Mustermesse in Europa avanciert, auch die berühmte Rauchwarenmesse zu Ostern jedes Jahres machte den Brühl zum Zentrum der Pelzhändler aus aller Welt. Nach dem Abschluss des Rapallovertrags zwischen Sowjetrussland und Deutschland nahm die UdSSR ab 1922 an der Leipziger Messe teil. Unter Hubert Ritter wurde 1929 der erste Generalbebauungsplan der Stadt verabschiedet, der ein baupolitisches Programm auf lange Sicht darstellte. Er setzte sich mit der Erhaltung der City ebenso auseinander wie mit der Beschaffung von Wohnraum für Zehntausende Wohnungssuchende. Der Lößniger Rundling (1929/30) war Ritters bedeutendster städtebaulich-architektonischer Beitrag zum Neuen Bauen. Etwa 20 000 Wohnungen wurden in seiner Zeit als Stadtbaurat zwischen 1924 und 1930 fertiggestellt, fast alle in städtebaulich offener Bauweise, mit gut durchdachten, funktionalen Grundrissen. Der Bruch mit den als überlebt geltenden städtebaulichen Leitbildern der Gründerzeit ist offensichtlich. Licht, Luft, Sonne war die Devise. Der romantisierende Städtebau, wie ihn Camillo Sitte in seinem 1889 erschienenen Werk „Der Städtebau nach seinen künstlerischen Grundsätzen“ forderte, war passé. Der Fortschrittsglaube der Zeit schien grenzenlos.

N
NW
NO
W
O

DIE LEIPZIGER ARCHITEKTUR DES ART DÉCO

In der Leipziger Architektur finden wir Dekorationen im Stil des Art déco besonders häufig im mehrgeschossigen Wohnungsbau der 1920er Jahre in den Vorstädten. Mit rund 700 000 Einwohnern war die damals wichtigste europäische Messestadt eine der größten Städte Deutschlands. Bis heute hat sich die größte Zahl von Fassadengestaltungen des Art déco erhalten. Portale, Hauseingangstüren, Supraporten, Gesimse, Lampen, Dachgaupen und Putzornamentik sind im Design der Golden Twenties gestaltet. Hinzu tritt oft eine expressive Farbigkeit, die im Falle der denkmalgerechten Wiederherstellung im Zuge von Sanierungen auch heute noch der Vermittlung gegenüber den Bewohnern bedarf. Oft sind auch noch im gleichen Stil gestaltete Treppenhäuser erhalten. Selten dagegen findet man hier interessante dekorative oder figürliche Ausmalungen. Zwei interessante restaurierte Beispiele finden sich allerdings in der Wichernstraße 22 in Anger-Crottendorf und in der Heinrich-Budde-Straße 15 in Gohlis.

Während sich im Massenwohnungsbau das Art déco zumeist nur in den Fassaden widerspiegelt, sieht es bei den Villen und Gesellschaftsbauten natürlich anders aus. Hier finden wir auch stilistisch durchgestaltete Innenräume, die sich in einer unerwarteten Vielfalt erhalten haben. Der bekannteste Gesellschaftsbau des Leipziger Art déco ist das Grassimuseum am Johannisplatz von den Architekten Zweck und Voigt (1925–1929). Hervorzuheben sind auch die Bonifatiuskirche in Connewitz von Theo Burlage und das Wohnhaus Richterstraße 10 in Gohlis, dessen Bedeutung sich hinter der eher schlichten Fassade eines Reihenhauses verbirgt. Auch Rathäuser, Postämter und Industriebauten sind aus jener Epoche erhalten.

Grassimuseum, Empore und Hängeleuchte (Detail) in der Pfeilerhalle

links: Rekonstruktion der Ausmalung im östlichen Lichthof von Specks Hof aus den Jahren 1986/87 von Heinz-Jürgen Böhme und Detlef Lieffertz in Anlehnung an die Wandmalereien von 1927, heute nicht mehr vorhanden

Die Pfeilerhalle 1927, auf der Empore das Wandbild von Otto Fischer-Trachau, anlässlich der Ausstellung Europäisches Kunstgewerbe 1927 entstanden

rechts: Entwurf für das Treppenhaus des Kunstgewerbemuseums Leipzig, Flügel an der damaligen Hospitalstraße, Otto Fischer-Trachau (Fachblatt für Maler, 1929)

Weil das 1895 nach Entwürfen von Hugo Licht am damaligen Königsplatz (heute Wilhelm-Leuschner-Platz) errichtete Grassimuseum dem gewachsenen Raumbedarf nicht mehr entsprach, wurde 1925–1929 der Neubau am Johannisplatz ausgeführt. Der städtebauliche Entwurf stammt von Stadtbaurat Hubert Ritter (1886–1967), die architektonische Bearbeitung lag in den Händen von Carl William Zweck und Hans Voigt. Das Gebäude gehört zu den bedeutendsten Museumsbauten vor dem Zweitem Weltkrieg. Das Innere wurde ganz nach den funktionalen Anforderungen der drei hier untergebrachten Museen gestaltet. Die gliedernden Elemente des rötlich/ockerfarben verputzten Baus, die Portale und Treppenhäuser sind unter Verwendung von Rochlitzer Porphyrtuff architektonisch hervorgehoben worden. Alle Schmuckdetails, wie Pfeiler, Dachaufbauten, Putzgliederungen, Gesimse, Türen, Ornamente und Leuchten waren im Art-déco-Stil ausgeführt. Beim Wiederaufbau des im Zweiten Weltkrieg völlig ausgebrannten Hauses musste leider auf eine Reihe dieser Details verzichtet werden. „Der Neubau des Grassimuseums", schrieben die Architekten Carl William Zweck und Hans Voigt, „bildet im engeren Sinne den Kopfbau einer den alten Johannisfriedhof umschließenden ... zwingerartigen Gesamtanlage. Die Achse Johannisfriedhof – Museum bildet zugleich den Zugang zum alten Johanniskirchhof, als beabsichtigtem Volkspark, inmitten niedriger Randbebauung [allerdings kamen nur Begrenzungsmauern zur Ausführung, d. V.]. Dieses Moment war bestimmend für die gesamte Grundrissgestaltung. Auf Erhaltung alten Baumbestandes wurde großer Wert gelegt. ... Wenn später die Aufstellung der wegen Geldmangels fehlenden Figuren auf der Mittelpartie des Hauptbaus und die aus dem

Ausstellungsplakat vom Bauhausgrafiker Herbert Bayer (1900–1985), 1927

Grassimuseum am Johannisplatz, Architekten Carl William Zweck und Hans Voigt, 1925–1929, städtebaulicher Entwurf von Hubert Ritter

gleichen Grunde nicht ausgeführte Bildhauerarbeit, Vasenaufsätze und plastische Schrift über den Eingangsarkaden, nachgeholt sein werden, wenn nach Jahren die Kupferdächer ihre schöne grüne Patina zeigen, wenn zartes Grün an den dunklen Putzflächen empor rankt und die Grünanlagen sich in voller Entfaltung präsentieren werden, dann erst wird der Bau des neuen Grassimuseums voll und ganz erfüllen, was beabsichtigt worden ist." Die Eingangsfront am Johannisplatz war wegen der Johanniskirche betont niedrig gehalten worden. Heute fehlen die 1943 zerstörte Johanniskirche und ihr 1963 gesprengter Turm als raumgliedernder Akzent des Platzes, was sich städtebaulich sichtbar negativ auswirkt. Der Komplex beherbergt heute das Völkerkundemuseum, das Museum für Kunsthandwerk und das Museum für Musikinstrumente der Universität Leipzig. Vor dem Bau des neuen Grassimuseums wurde das alte Johannishospital abgebrochen, das Jahrhunderte diesen Standort einnahm. Zwischen 2001 und 2005 wurde das Museumsgebäude durch die Leipziger Architekten Ilg, Friebe, Nauber saniert. Dabei mussten eine Reihe von Vereinfachungen zugelassen werden, die den Architekturwert des Gebäudes beeinträchtigen. So wurden im Bereich des Museums für Angewandte Kunst aus ausstellungstechnischen Gründen im ersten Obergeschoss eine größere Zahl von Fenstern vermauert, ohne dass in jedem Fall die eigens für diesen Bau entwickelten Blindfenster zur Anwendung gekommen wären. Die Rekonstruktion der 18 Bleiverglasungen des Bauhäuslers Josef Albers im Haupttreppenhaus, die ein Opfer des Zweiten Weltkriegs geworden waren, konnte dagegen 2011 mit Spendenmitteln von der Paderborner Glasmalereiwerkstatt Peters realisiert werden. Die zweigeschossige Pfeilerhalle im Kunstgewerbemuseum,

Pfeiler und Art-déco-„Maßwerk" im Durchgang des Hauptgebäudes

Grassimuseum, Portalgestaltung an der Prager Straße

die nach Entwurf von Hubert Ritter 1927 fertiggestellt wurde, war der repräsentativste Raum des Gebäudekomplexes. Auch sie war im Zweiten Weltkrieg zerstört worden. An den Längsseiten waren je sechs dreieckige Pfeiler angeordnet, die mit der Spitze ins Rauminnere zeigen. In die Pfeiler, die eine umlaufende Galerie trugen, waren beleuchtete Vitrinen eingebaut. Infolge der Dreikantform der Pfeiler ergab sich für die mit einem künstlichen Oberlicht versehene Decke sowie den Fußboden eine markante gezackte Grundrissgeometrie. Der Farbentwurf für die Gestaltung dieser ungewöhnlichen Raumdisposition in Rot (Pfeiler), Hellblau (Deckenrahmung), Blau (schmale Eingangsstützen) und Gold (Brüstungen, Geländer und alle Metallteile) stammte von Otto Fischer-Trachau, der als Professor der Abteilung Dekorative Malerei an der Kunstgewerbeschule in Leipzig lehrte. Die filigranen länglichen Pendelleuchten entwarf der Berliner Max Krüger. Fischer-Trachau hatte zur Eröffnung der Ausstellung „Europäisches Kunstgewerbe 1927" auch ein Wandbild gemalt, das die gesamte Breite der Galerie über dem Eingang einnahm und das dem Künstler nach Beendigung der Schau zurückgegeben wurde. Der Saal gehörte mit seinem heiter-festlichen Gepräge zu den originellsten Raumschöpfungen des Leipziger Art déco. Die näherungsweise Rekonstruktion der Pfeilerhalle nach Vorgaben des Leipziger Architekten Bernd Sikora konnte bis 2010 ausgeführt werden.

Figuren am ehemaligen Messehaus Petershof, erbaut nach Plänen von Alfred Liebig, 1927–1929. Die 7 überlebensgroßen Figuren sind Kopien des Leipziger Bildhauers Markus Gläser nach den ursprünglichen Plastiken von Konstantin Göldel, 1929. Diese wurden nach Machtergreifung der Nationalsozialisten entfernt. Einzig die Figur mit der Darstellung des Architekten Alfred Liebig ist original erhalten geblieben.
Die Figuren (und ihre allegorische Bedeutung) von links: Baudirektor Ludwig Fraustadt (Musik), Kommerzienrat Felix Geissler (Kunstgewerbe), Bankier Hans Kroch (Handel), Oberbürgermeister Karl Rothe (Schauspiel), Messedirektor Raimund Köhler (Messen), Architekt Alfred Liebig (Architektur) und Messevorstand Edgar Hoffmann (Industrie)

Der 1926 in Wettbewerben ausgelobte plastische Fassadenschmuck für den Eingang an der Hospitalstraße (heute Prager Straße) und den Eingangsportikus am Johannisplatz von Johannes Göldel und Alfred Dietel blieb, wie bereits erwähnt, leider unausgeführt. Von der künstlerischen Qualität des Bildhauers Göldel kann man eine gute Vorstellung gewinnen, wenn man sich die überlebensgroßen Figuren am Messehaus Petershof anschaut. Die Kopien schuf der Leipziger Bildhauer Markus Gläser 1994 nach erhaltenen zeitgenössischen Fotos aus dem Bildhaueratelier des Künstlers. Eine Figur, die Darstellung des Architekten Alfred Liebig, hat sich bis heute original erhalten.
Im sogenannten Rehgarten ist die bronzene „Diana mit Hirschkuh", eine Schenkung des Freistaats Sachsen zur Eröffnung des Gebäudes im Jahre 1929, aufgestellt. Die zwar lebensgroße, dennoch äußerst zierlich wirkende Art-déco-Plastik hatte der Dresdner Bildhauer Paul Berger (1889–1949) im Jahre 1928 geschaffen. Sie gehört zu den wenigen bildhauerischen Zeugnissen dieser Epoche in Leipzig.
Das kunstgeschichtlich bedeutendste Wohnhaus des Art déco ist die Villa Kuhn in Gohlis, Richterstraße 10. Der Bauantrag für das Doppelwohnhaus wurde am 19. März 1924 durch den Leipziger Architekten Wilhelm Halpaap gestellt. Bauherr war der 1877 in Chemnitz geborene Musikverleger und Kunstsammler Max Kuhn (gest. 1947), dem u. a. das Leipziger Messehaus Drei Könige in der Petersstraße gehörte. Die Baupläne fertigte der Münchner

Ehemaliges Haus Kuhn, Richterstraße 10, Wandmalerei von Georg Alexander Mathéy

rechts: Gemeindesaal der evangelisch-lutherischen Kirchgemeinde Böhlitz-Ehrenberg, Darstellung mit der Auferstehung Christi von Max Alfred Brumme über dem Eingang zum Saal

Architekt Uebel. Im Januar 1926 war das Wohnhaus nach knapp anderthalbjähriger Bauzeit bezugsfertig. In etwas ungewöhnlicher Weise ist die Eingangsfront des Hauses Kuhn an die Giebelseite gelegt. Hier sind ein eingeschossiger Vorbau mit drei vergitterten Fenstern und eine kunstvoll gestaltete Tür angeordnet, darüber im Obergeschoss vier Fenster mit den für die Zeit typischen Klappläden. Auch der westlichen Gartenseite ist ein flacherer Baukörper vorgelagert. Hier findet sich u. a. eine durch Säulen gegliederte Loggia. In der Baulücke zum gründerzeitlichen Gebäude Richterstraße 10 ist der Garten angelegt. Auf die Forderung der Bauaufsicht hin wurde der angrenzende Brandgiebel auch in der Formensprache des Hauses architektonisch behandelt. Wie das Hauptgebäude, so ist auch dieser mit gestalterischen Elementen des Art déco dekoriert. Eine bemerkenswerte handwerkliche Arbeit stellt das Eingangsportal mit Kalksteinrahmung und Supraporte und vor allem das künstlerisch gestaltete hochrechteckige Türgitter, eine Bronzearbeit des Leipziger Akademieprofessors Georg Alexander Mathéy (1884–1968), dar. Die Innenarchitektur, die in Teilen erhalten ist, stammt von dem namhaften Architekten und Raumgestalter jener Jahre, von Bruno Paul (1874–1968). Besonders auffällig sind die edlen, intarsierten Türen im Erdgeschoss aus Rosenholz mit eleganten Messingbeschlägen. Die Möbel waren von den Deutschen Werkstätten in Hellerau und den Wiener Werkstätten gefertigt. Sie konnten teilweise vom heutigen Eigentümer zurückerworben werden. „Kaum jemand in Leipzig hatte sich in den zwanziger Jahren in einer so bemerkenswerten Weise um die Einheit von Handwerk und Kunst, um Innendekoration und Sammlung bemüht.“[24] Im Speisesaal des Hauses, im ersten Obergeschoss, hatte Mathéy versucht,

Katholische Bonifatiuskirche Connewitz, Architekt Theo Burlage, 1929/30, Eingangsdetail und Ansicht von der Biedermannstraße

„eine Neuformulierung der künstlerischen Maßstäbe der Wandmalerei“[25] zu finden. Diese Ausmalung wurde in den 1960er Jahren überstrichen und soll in naher Zukunft wiederhergestellt werden.

Unter den Sakralbauten der Zeit ist die katholische Bonifatiuskirche, Biedermannstraße 86, hervorzuheben. In den Jahren 1929/30 wurde die römisch-katholische Kirche mit einer zweifachen Funktion, nämlich als Pfarrkirche und als Kriegerdenkmal zur Erinnerung an die im Ersten Weltkrieg gefallenen 1500 katholischen Kaufleute errichtet. Im Frühjahr 1928 hatte der Verband katholischer kaufmännischer Vereinigungen einen Architektenwettbewerb ausgeschrieben. Es gingen insgesamt 240 Arbeiten ein. Den ersten Preis errang Adolf Muesmann aus Dresden, während Michael Kurz, Augsburg, und Hans Döllgast, München, zweite wurden. Schließlich wurde der drittplazierte Entwurf von Theo Burlage aus Osnabrück zur Ausführung bestimmt. Burlage gliederte den Baukörper betont geometrisch in einen kreisförmigen, flachgedeckten Rundbau mit niedrigerem Umgang, ein rechteckiges Eingangsbauwerk und den seitlich angeordneten vierseitigen Gedächtnisturm von 27 Metern Höhe. Der Gedächtnisraum im Turm ist vom runden Kirchensaal durch eine 12 Meter hohe, rechteckige Öffnung getrennt. Im Durchgang stehen vorn vier hohe Klinkerpfeiler mit insgesamt zwölf theologischen Terrakottafiguren in drei Reihen übereinander, die von den Frankfurter Künstlern Alfred Burges und Wolfdietrich Stein stammen.

1968/69 wurden der Altarbereich und der Boden des Gedächtnisraums im Turm umgestaltet. Das 22 Meter hohe Glasfenster im Turm nach Entwurf von Burges wurde im Zweiten Weltkrieg zerstört. Als einzige farbige Verglasung hat sich das Rundfenster im

Zoologischer Garten, Rückwand des Dickhäuterhauses am Kickerlingsberg, Architekt Carl James Bühring, ab 1926

rechts: Dickhäuterhaus nach der Fertigstellung 1926, Innenansicht, bemerkenswert das vorgefertigte rautenförmige Zollingerdachtragwerk aus Brettlamellen, Foto 1930

Eingangsportikus mit einem Durchmesser von 4 Metern nach Entwurf von Theo M. Landmann erhalten, das den heiligen Bonifatius darstellt. Rechts vom Altar ist der Durchgang zur Taufkapelle durch Klinkerpfeiler portalartig betont. Die vier Evangelistenfiguren aus Terrakotta auf dem Architrav stammen ebenfalls von Burges und Stein. Die ursprüngliche Farbigkeit des Innenraums bestand in der golden gehaltenen flachen Kuppel und blaugrauen Wänden, die mit dem Rot der Klinkerelemente kontrastierten. Sie wurde bei der letzten Sanierung durch das Münchner Büro Löffler & Weber 2005 wiederhergestellt. Die hellen Putzflächen der Außenwände sind in Münchner Rauputz ausgeführt. Die Bonifatiuskirche ist ein herausragender Kirchenbau der Periode zwischen Erstem und Zweitem Weltkrieg in Mitteldeutschland. Er verbindet Elemente des Funktionalismus in der Baukörperbehandlung mit Stilmitteln des Expressionismus und des Art déco bei der künstlerischen Ausgestaltung. 1935 wurde über dem Eingang die Orgel der Firma Jehmlich eingebaut, die ursprünglich für die Dresdner Andreaskirche vorgesehen war.

Auch für die meisten baugeschichtlich interessierten Leipziger dürfte der Gemeindesaal der evangelisch-lutherischen Kirchgemeinde am Johannes-Weyrauch-Platz in Böhlitz-Ehrenberg eine echte Entdeckung darstellen. Man sieht es dem schlichten, traditionell gestalteten Baukörper nicht an, dass er im ersten Obergeschoss ein Kleinod des Leipziger Art déco beherbergt, das sich weitgehend in der Gestaltung der Erbauungszeit erhalten hat. Den Entwurf des BDA-Architekten O. Born wurde durch die Bauaufsicht am 25. Februar 1927 genehmigt, die Weihe des Gemeindesaals konnte bereits im September des gleichen Jahrs stattfinden. Vom ursprünglich geplanten Gesamtkom-

links: Wohnanlage an der Lößniger Straße, Entwurf Carl James Bühring 1924/25, Detail der Dachlandschaft

Ehemaliges Planetarium, Pfaffendorfer Straße, Architekt Hubert Ritter, 1926, im Zweiten Weltkrieg zerstört

plex kamen allerdings nur der Gemeindesaal und ein Glockenturm zur Ausführung. Der eigentliche Kirchenbau sowie das anschließende Pfarrhaus blieben unausgeführt. Viele Leipziger Architekten haben in den zwanziger Jahren Spuren des Art déco hinterlassen, ohne dass man sie ausschließlich auf diesen Stil verpflichten könnte. Etwas anders könnte man es bei Carl James Bühring sehen, dessen Wirken in Leipzig von 1919 bis zu seinem Tode im Jahre 1936 fast ausschließlich durch eine norddeutsch beeinflusste Klinkerästhetik geprägt war. Seine Wohnbauten in der Lößniger Straße wurden noch in seiner Zeit als Stadtbaurat in den Jahren 1919 bis 1924 begonnen. Nach seiner Entlassung arbeitete er bis zu seinem Tode 1936 im Auftrag von Direktor Johannes Gebbing für den Leipziger Zoo und prägte ihn nicht nur mit seinen fortschrittlichen Tieranlagen, sondern auch mit einer ungewöhnlich subtilen Klinkerarchitektur. Sie gab dem Zoo der zwanziger Jahre sein unverwechselbares Aussehen. „Klinker waren das bevorzugte Material der Architekten des norddeutschen Expressionismus.“[26] Bühring, nach eigener Aussage durch die Backsteinbauten Lüneburgs angeregt, war ein Meister in der Verwendung des unverputzten Backsteins. Durch den Einsatz unterschiedlich gebrannter Ziegel, die teils versintert und bewusst unregelmäßig gebrannt waren, erreichte er eine unglaubliche Lebendigkeit der Oberflächen. Hinzu kam das Spiel mit dem ornamentalen Einsatz des Klinkermaterials in den Fassadenflächen mittels origineller Verlegemuster. Ein Beispiel von höchster Eindrücklichkeit ist die Rückseite des Dickhäuterhauses, das Bühring in den Jahren 1925/26 schuf. Wer diese Nordost-Fassade im morgendlichen Sonnenlicht einmal erlebt hat, versteht, was gemeint ist. An der Wand entsteht unter dem Einfall des Lichts eine auf Materialwirkung und Steinversatz

Neuer Israelitischer Friedhof, Feierhalle, 1926–1928, Innen- und Straßenansicht (S. 49 oben links), Architekt Wilhelm Haller, 1938 in der Pogromnacht zerstört

„Stern des Bundes", Entwurf für die Volkshochschule Leipzig, unausgeführter Entwurf, Architekt Johannes Niemeyer, 1924

basierende Oberflächenästhetik, die die Wand zum Kunstwerk erhebt. Wenn man das Art déco vom Dekorativen her definiert, dann ist Bühring der wichtigste und überregional bedeutendste Vertreter dieses Stils in der Leipziger Architektur der zwanziger Jahre. Auch Hubert Ritter hat seine ansonsten konsequent funktionalen Bauten oft mit Anklängen an das Art déco versehen. Der in dieser Hinsicht wohl eindeutigste und eindrucksvollste Bau war das Planetarium an der Pfaffendorfer Straße Ecke Kickerlingsberg aus dem Jahre 1926 (im Zweiten Weltkrieg zerstört). Ritter schuf hier einen signifikanten zwölfseitigen Baukörper, vor den er einen dreiachsigen Pfeilerportikus mit angelagerten Flachbauten stellte. Das Pfeilermotiv kehrt an der Attika und an der Dachbekrönung wieder. In seiner beherrschten strengen Geometrie gelang Ritter ein Glanzstück der Leipziger Art-déco-Architektur.

Leider ist auch ein zweites Meisterwerk des Leipziger Art déco nicht mehr erhalten. Von 1926 bis 1928 wurde die Feierhalle auf dem Neuen Israelitischen Friedhof nach Entwürfen von Wilhelm Haller (1882 Gleiwitz – 1956 Tel Aviv) errichtet. Es war die bemerkenswerteste architektonische Leistung des jüdischen Architekten, der 1933 nach Palästina emigrierte. Das Ensemble hatte hellblaue Putzfassaden und eine rote Dacheindeckung. Die Haupthalle wurde von einer Betonkuppel mit einem stalaktitenartigen Stuckgewölbe überspannt. Die konsequente Anwendung der Stilistik des Art déco auf quasi alle Bauteile des Inneren ließ eine atemberaubende, völlig neuartige Raumästhetik entstehen, deren Verlust auf das schmerzhafteste bedauert werden muss. Der Bau wurde von den Nationalsozialisten in der Pogromnacht vom 8. zum 9. November 1938 in Brand gesteckt und musste unmittelbar danach durch die israelitische Religionsgemeinschaft abgebrochen werden.

Lichtwoche in Leipzig 1927, Illumination entlang der Goethestraße

rechts: Sparkasse, Eingang Schillerstraße 4

Schließlich ist noch einer Architektur des Expressionismus zu gedenken, die leider nicht zur Ausführung gelangte. 1924 (oder etwas früher) entwarf der Hallenser Architekt Professor Johannes Niemeyer eine riesige, 3 000 Menschen fassende sternförmige Halle, den „Stern des Bundes", für das Haus der Volksschulgemeinschaft in Leipzig. Die freitragende Dachkonstruktion sollte aus hölzernen Gitterbalken mit Zwischenbindern, die ein Glasdach tragen, gebildet werden. Die Spannweite der Halle sollte 50 Meter betragen. Von der Gesamtplanung gelangte lediglich 1928 ein kleinerer kubischer Funktionsbau in der Stieglitzstraße 40 zur Ausführung, der heute als Wohnhaus genutzt wird.

In den zwanziger Jahren bekamen Werbung und Reklame im öffentlichen Stadtraum einen ganz neuen Stellenwert. Leuchtwerbung und die nächtliche Gebäudeinszenierung mit Lichtprojekten kamen auf die Tagesordnung. 1929 wurde in Leipzig eigens eine Lichtwoche durchgeführt, bei der Gebäude an zentralen Straßen und Plätzen illuminiert wurden. Auch entwickelte sich die Gestaltung von Schaufensteranlagen zu einer eigenen, unabhängigen Entwurfsaufgabe. Dabei wurde zumeist wenig Rücksicht auf die oft bereits vorhandene ältere Fassadenarchitektur genommen. In Leipzig hat sich eine derartige Umgestaltung der Erdgeschosszone noch in der Schillerstraße 4/Neumarkt 35 (heute Sparkasse Leipzig) erhalten.

Im Rückblick erweisen sich die zwanziger Jahre in Leipzig als eine große Zeit der Neuerungen in Gesellschaft, Architektur und angewandter Kunst, die das Bild der Stadt bis heute nachhaltig prägen. Dem überlebten wilhelminischen Geist wurde eine radikale Modernität entgegengesetzt, die das Tor ins Heute weit aufgestoßen hat. Vielleicht waren die Goldenen Zwanziger nicht in jeder Hinsicht golden, dafür aber ganz bestimmt visionär und nachhaltig.

ANMERKUNGEN

[1] Dan Klein u. a.: Art déco, London 1991, S. 21 u. 24f.
[2] Udo Kultermann: Die Architektur im 20. Jahrhundert. Köln 1987, 5. Auflage, S. 18f.
[3] Arie van der Lemme: Art déco die aufregende Bewegung, Hamburg 1990, S. 12
[4] Dieter Klein: Martin Dülfer, Wegbereiter des deutschen Jugendstil, Arbeitsheft 8 des bayerischen Landesamtes für Denkmalpflege 1981, S. 40
[5] Malcolm Haslam: Die Art déco-Welt. In: Art déco. London 1991, S. 50
[6] Bezeichnung von G. Apollinaire (1860–1918) für die Bilder ihres Ehemanns Robert Delaunay. Der Begriff steht für die Loslösung vom Gegenstand zugunsten des Zusammenklangs von Farbe und Licht.
[7] Hier gemeint als assoziative Kombination von Figuren, Szenen, Teilstücken usw.
[8] Bernhard Dorival: Sonia Delaunay, München 1985, S. 56
[9] Lexikon der Kunst, Leipzig 1992, Band 4, S. 88
[10] Steven Heller und Seymour Chwast: Graphic Style, New York 1988, S. 127
[11] Albrecht Bangert und Gabriele Fahr-Becker: Art déco. Möbel und Glas, Schmuck und Malerei, München 1992, S. 192
[12] Arnold Schwarzmann: London Art déco, Bath 2013, S. 86 u. 142
[13] Herbert Scherer: Minneapolis's Art déco Extravaganza. In: Arts Magazine, Sommer 1971. Zitiert bei: Paul Maenz: Art déco. 1920–1940. Formen zwischen zwei Weltkriegen, 5. Auflage, Köln 1990, S. 198
[14] Leben und Werk des Typographen Jan Tschichold, München, New York, London, Paris 1988
[15] Olaf Thormann: Stilwille und edle Materialien. Ernst Treusch ein führender Juwelier Sachsens. In: Leipziger Blätter, Heft 41/2002, S. 38f.
[16] Pevsner, Honour, Fleming: Lexikon der Weltarchitektur, 2. Auflage, München 1987, S. 189
[17] Lothar Lang: Expressionismus und Buchkunst in Deutschland 1907–1927, 2. Auflage, Leipzig 1993, S. 9
[18] Wolfgang Pehnt: Deutsche Architektur seit 1900, Wüstenrot-Stiftung, Ludwigsburg und München 2005, S. 102
[19] ebenda, S. 101
[20] ebenda, S. 122
[21] Julius Posener: Erich Mendelsohn. In: Arch + Heft 48. Vorlesungen zur Geschichte der neuen Architektur. Sonderheft zum 75. Geburtstag, S. 11
[22] Hagen Pfau und Steffen Lieberwirth: Mitteldeutscher Rundfunk, Radio-Geschichte(n), Altenburg 2000, Seite 17
[23] Wolfgang Hocquél: Die Architektur der Leipziger Messe, Berlin 1994, S. 141f.
[24] Richard Hüttel: Ein Gesamtkunstwerk des Art déco. Das Haus des Musikverlegers Max Kuhn in Leipzig. In: Leipziger Blätter, Heft 49, Herbst 2006, S. 19ff.
[25] ebenda
[26] Sandra Saalbach: Die Bauten und Anlagen des Carl James Bühring im Leipziger Zoo (1924–1936), Magisterarbeit im Fach Kunstgeschichte, Universität Leipzig, 2003, S. 86

1 Grassimuseum, Johannisplatz 5–11
2 Ehem. Untergrundmessehalle, Markt
3 Europahaus, Augustusplatz 7
4 Petershof, Petersstraße 20
5 Krochhaus, Goethestraße 2
6 Ehem. Dresdner Bankank, Goethestraße 3–5
7 Specks Hof, Reichsstraße 4–6
8 Dresdner Hof, Neumarkt 21–27
9 Sparkasse, Schillerstaße 4
10 Ehem. Ring-Messehaus, Trödlinring 9
11 Elektrizitäts-Umschaltwerk, Naundörfchen
12 Allgemeine Ortskrankenkasse (AOK), Willmar-Schwabe-Straße 2–4
13 Polizeidirektion Leipzig, Dimitroffstraße 3
14 Café Grundmann, August-Bebel-Straße 2
15 Fassadendetail Steinstraße 56/58
16 Figurenportal, Kurt-Eisner-Straße 71
17 Wohnanlage Lößniger Straße
18 Wohnanlage Lößniger Straße 60 a/b
19 Wohnanlage Steinstraße 69–79
20 Horns Erben, Arndtstraße 33
21 Ehem. Bundesschule des Arbeiter-Turn- und- Sportbundes, Fichtestraße 36
22 Kontorhaus, Brandvorwerkstraße 70
23 Wohnanlage Gustav-Freytag-Straße 19–23 / Windscheidstraße 17
24 Hochschule für Technik Wirtschaft und Kultur, Karl-Liebknecht-Straße 145
25 Wohnhäuser Richard-Lehmann-Str. 44–52
26 Wohnhausportal, Arthur-Hoffmann-Straße 130
27 Wohnanlage Hildebrandstraße 39–45
28 Paul-Gerhardt-Haus, Brandstraße 40
29 Katholische Bonifatiuskirche, Biedermannstraße 86
30 Feierhalle, Friedhof Connewitz, Meusdorfer Straße 78
31 Portal der Alten Messe, Prager Straße
32 Doppelwohnhaus Kommandant-Prendel-Allee 107
33 Villa Lausicker Straße 62
34 Rathaus Mölkau, Engelsdorfer Straße 88–92
35 Ehem. Postamt, Riesaer Straße 26
36 Wohnanlage Friedrich-Dittes-Straße 13–21
37 Doppelwohnhaus Kurt-Günther-Straße 11, 13
38 Wohnhausportale Lipsiusstraße 18, 23
39 Städtische Wohnanlage Riebeckstraße / Witzgallstraße / Stammstraße / Reiskestraße
40 Villa Prager Straße 169
41 Heizhaus Kinderkrankenhaus, Eilenburger Straße 13
42 Postamt Ost, Lilienstraße 3
43 Berufliches Schulzentrum, Gutenbergschule, Gutenbergplatz 6–8
44 Villa Rossa, Erich-Zeigner-Allee 45
45 Konsumzentrale, Industriestraße 85–96
46 Wohnanlage Siemensstraße 14–22
47 Kosumverkaufsstelle, Ratzelstraße 10
48 Wohnanlage Lützner Plan
49 Wohnanlage Gröpplerstraße 76–96
50 Rathaus Rückmarsdorf, Sandberg 24
51 Gemeindehaus der evangelisch-lutherischen Kirchgemeinde, Böhlitz-Ehrenberg, Johannes-Weyrauch-Platz 2
52 Wohnanlage Heimteichstraße 42–48
53 Wohnanlage Heimteichstraße 8–12
54 Wohnanlage am Pater-Aurelius-Platz, Georg-Schumann-Straße / Am Zuckmantel / Linkelstraße / Friedrich-Bosse-Straße
55 Wohnanlage Corinthstraße 21–31
56 Wohnanlage Hans-Oster-Straße 36–50 / Viertelsweg 66
57 Ehem. Postamt 22, Sassstraße 12
58 Wohnhausportale Gottschallstraße 7, 19
59 Wohnquartier, Coppistraße 23–31 / Lützowstraße 58–66 / Kleiststraße 13–17 / Dinterstraße 18–28
60 Wohnhaus Kleiststraße 45
61 Wohnanlage Tilia Carré, Gedickestraße / Heinickestraße / Paul-Schneider-Straße, Wittenberger Straße / Bonhoefferstraße
62 Alter Jüdischer Friedhof, Berliner Straße 123
63 Wohnhaus Hamburger Straße 27
64 Villa Poetenweg 49
65 Wohn- und Geschäftshaus Ehrensteinstraße 9
66 Ehem. MDR-Gebäude, Springerstraße 20–24
67 Ehem. Haus Kuhn, Richterstraße 10
68 Zoo, Pfaffendorfer Straße 29
69 Der Weiße Saal im Zoo, Pfaffendorfer Straße 29
70 Wohnanlage Rote Front, Mockauer Straße

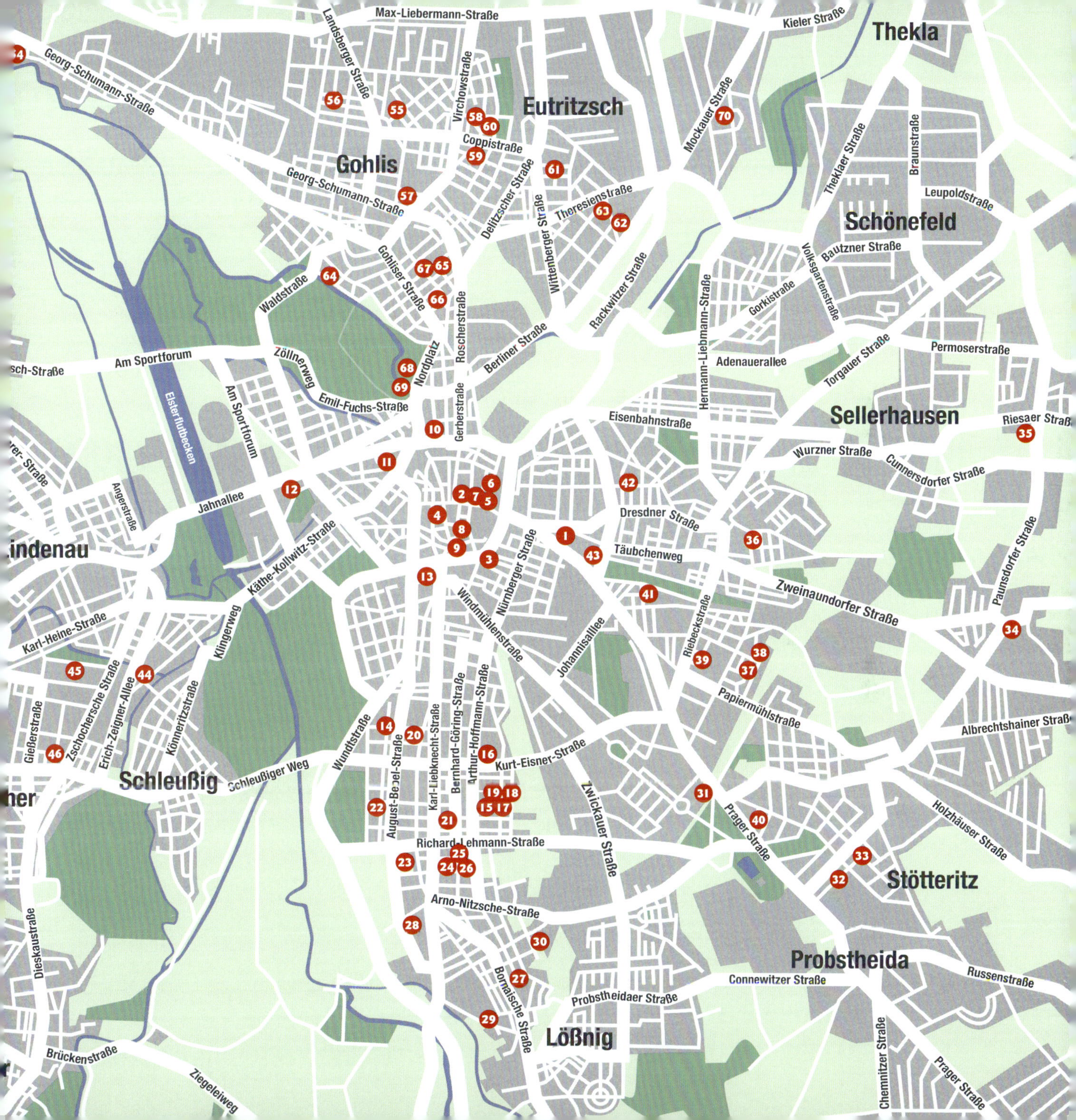
Thekla
Eutritzsch
Gohlis
Schönefeld
Sellerhausen
Lindenau
Schleußig
Stötteritz
Probstheida
Lößnig
Max-Liebermann-Straße
Kieler Straße
Georg-Schumann-Straße
Landsberger Straße
Virchowstraße
Coppistraße
Mockauer Straße
Theklaer Straße
Braunstraße
Leupoldstraße
Delitzscher Straße
Wittenberger Straße
Theresienstraße
Bautzner Straße
Volksgartenstraße
Gorkistraße
Rackwitzer Straße
Hermann-Liebmann-Straße
Gohliser Straße
Waldstraße
Roscherstraße
Berliner Straße
Adenauerallee
Torgauer Straße
Permoserstraße
Am Sportforum
Zöllnerweg
Nordplatz
Emil-Fuchs-Straße
Gerberstraße
Eisenbahnstraße
Riesaer Straße
Wurzner Straße
Cunnersdorfer Straße
Elsterflutbecken
Angerstraße
Jahnallee
Dresdner Straße
Täubchenweg
Käthe-Kollwitz-Straße
Nürnberger Straße
Windmühlenstraße
Zweinaundorfer Straße
Paunsdorfer Straße
Karl-Heine-Straße
Klingerweg
Johannisallee
Riebeckstraße
Zschochersche Straße
Erich-Zeigner-Allee
Könneritzstraße
Papiermühlstraße
Albrechtshainer Straße
Gießerstraße
Wundtstraße
August-Bebel-Straße
Karl-Liebknecht-Straße
Bernhard-Göring-Straße
Arthur-Hoffmann-Straße
Kurt-Eisner-Straße
Zwickauer Straße
Schleußiger Weg
Prager Straße
Holzhäuser Straße
Richard-Lehmann-Straße
Arno-Nitzsche-Straße
Dieskaustraße
Connewitzer Straße
Russenstraße
Bornaische Straße
Probstheidaer Straße
Chemnitzer Straße
Brückenstraße
Ziegeleiweg
1 2 3 4 5 6 7 8 9 10 11 12 13 14 15 16 17 18 19 20 21 22 23 24 25 26 27 28 29 30 31 32 33 34 35 36 37 38 39 40 41 42 43 44 45 46 55 56 57 58 59 60 61 62 63 64 65 66 67 68 69 70

GRASSIMUSEUM JOHANNISPLATZ 5–11

Das Grassimuseum gehört zu den schönsten Beispielen des Art déco in Mitteldeutschland. Es wurde in den Jahren 1925 bis 1929 nach Entwürfen der Leipziger Architekten Carl William Zweck und Hans Voigt sowie nach den städtebaulichen Vorgaben von Stadtbaurat Hubert Ritter errichtet. Die Hauptachse des rötlich-ockerfarbenen verputzten Baus, die Portale und Treppenhäuser sind unter Verwendung von rötlichem Rochlitzer Porphyrtuff architektonisch hervorgehoben worden. Alle Details, wie Pfeiler, Gesimse, Dachaufbauten, Putzgliederungen und Leuchten, sind im für die Zeit zwischen 1925 und 1930 charakteristischen Art-déco-Stil ausgeführt. In einem zeittypischen kräftigen Blau sind die Innenwandflächen des Treppenturms im zweiten Innenhof ausgemalt. Die Stahlbetontreppenspindel ist eine frühe, sehr elegante und innovative Anwendung im Treppenbau. Den Südflügel des Baus bildete seinerzeit das Messehaus Grassimuseum, in dem die bereits 1920 von Museumsdirektor Richard Graul begründete Kunstgewerbemesse stattfand. Der Zugang erfolgte über das Portal an der heutigen Prager Straße. Glanzpunkt des Hauses ist die näherungsweise wiederhergestellte Pfeilerhalle, die nach Entwurf von Hubert Ritter anlässlich der Ausstellung „Europäisches Kunstgewerbe“ 1927 fertiggestellt wurde.
Aus der Entstehungszeit haben sich die heute restaurierten Möbel vom Arbeits- und vom Konferenzzimmer des Direktors des Völkerkundemuseums erhalten (siehe Seite 23). Die lebensgroße Art-déco-Plastik aus Bronze, Diana mit Hirschkuh, im Rehgarten schuf der Dresdner Bildhauer Paul Berger (1889–1949) im Jahr 1928. Sie war ein Geschenk des sächsischen Staats zur Eröffnung des neuen Gebäudes am Johannisplatz (siehe auch Seiten 39–43). STADTPLAN NR. 1

Diana mit Hirschkuh im Rehgarten

rechts: Deckendetail im mittleren Durchgang

S. 55: Grassimuseum, Mittelbau, Pfeilerdetail und Fensterrahmung

S. 56/57: Grassimuseum, Pfeilerhalle

Grassimuseum, Durchgang zum Johannisfriedhof und Rehgarten

Grassimuseum, Wendeltreppe im Treppenturm im 2. Hof

EHEM. UNTERGRUNDMESSEHALLE MARKT

Von der Untergrundmessehalle Markt ist heute nur noch das Eingangsbauwerk erhalten. Es dient seit Dezember 2013 als Zugang zur S-Bahn-Station Markt. Die Untergrundmessehalle war 1924 in nur achtmonatiger Bauzeit nach Entwürfen des Leipziger Architekten Otto Droge errichtet worden. Sie besaß eine Ausstellungsfläche von 1800 Quadratmetern und bot 175 Ausstellern Platz. Droge gestaltete die zweiläufige Treppenanlage aus dem für Leipzig typischen roten Rochlitzer Porphyrtuff im Stil des Art déco, indem er die Flächen mit der charakteristischen Ornamentik dekorierte. Aber auch die vier markanten Aufsatzleuchten, die Türen, Gitter, die Handläufe und Schmuckdetails sind im „Zackenstil" durchgebildet. Für den Bau der S-Bahn-Haltestelle war das Eingangsbauwerk zwischenzeitlich abgebaut worden. (Siehe auch Droges Entwurf für die Gestaltung der Messe-Kojen auf Seite 2) STADTPLAN NR. 2

der bildenden

EUROPAHAUS AUGUSTUSPLATZ 7

Nach der Fertigstellung des gegenüberliegenden Bankhauses Kroch war es das zweite Hochhaus der Stadt, eines von über 70, die damals in Deutschland gebaut wurden.
Der 1929 unter Stadtbaurat Hubert Ritter verabschiedete erste Generalbebauungsplan der Stadt sah vor, die Ringstraße um das Zentrum zur „Ring-City" auszubauen und markante Punkte durch Hochhausdominanten zu betonen. Das Europahaus folgt exakt den Ritterschen Vorstellungen. Bis dahin hatte man in Deutschland dem Hochhaus in innerstädtischen Bereichen mit äußerster Skepsis gegenübergestanden.
Das im Mittelteil dreizehngeschossige, 47 Meter hohe Turmhaus wird seitlich von siebengeschossigen Flügelbauten flankiert. Der 1929 errichtete Stahlskelettbau ist außen mit Muschelkalkstein verkleidet. Dabei vermied der Architekt Otto Paul Burghardt (1875–1959) einerseits jeglichen ornamentalen und skulpturalen Schmuck und war andererseits darauf bedacht, keine allzu flächige Wirkung zu erzielen. Er selbst äußerte sich dazu: „Von einer übertriebenen primitiven nur flächigen kubischen Gestalt ist mit vollem Bewusstsein abgesehen worden, um eine brutale Wirkung des Hochhauses im Stadtbild ... zu verhindern." Kräftige bis in den Dachbereich führende und im Profil spitzwinklige Pfeiler betonen die Vertikale, wie es bei vielen zeitgleichen deutschen Hochhausbauten üblich war. Auf dem Dachgeschoss war ursprünglich ein Konzert-Café eingerichtet, das nach 1945 noch bestand. Bei der Sanierung des Gebäudes wurde 1965 der obere Abschluss erheblich verändert, im Erdgeschoss wurden Arkaden eingebaut (siehe auch Seite 35, Abbildung oben Mitte) STADTPLAN NR. 3

PETERSHOF PETERSSTRASSE 20

Das zwischen Petersstraße und Burgstraße gelegene ehemalige Messehaus entstand in den Jahren 1927 bis 1929 nach Plänen des Leipziger Architekten Alfred Liebig. Aus der zehnachsigen flächigen Travertin-Fassade treten die Fensterleibungen markant hervor. Über dem Eingang, in Höhe der Fenster des ersten Obergeschosses, stehen sieben überlebensgroße Fassadenplastiken des Leipziger Bildhauers und Malers Johannes Konstantin Göldel. Es sind allegorische Messe- und Berufsdarstellungen mit den Porträts am Bau beteiligter Persönlichkeiten. Vermutlich im Zuge der faschistischen Pogromnacht im Jahre 1938 wurden diese Skulpturen entfernt, da der ebenfalls dargestellte Mitfinanzier des Baus, der Bankier Hans Kroch, Jude war. Diese messegeschichtlich bedeutsamen Arbeiten konnten 1994 nach wieder aufgefundenen Fotos sowie der in Leutzsch (am Wohnhaus Liebigs) wiederentdeckten original erhaltenen Liebig-Figur (Abbildung) durch den Bildhauer Markus Gläser (nun aber als Betonguss) neu geschaffen und wieder aufgestellt werden. Die Plastiken stehen für unterschiedliche Gebiete mit typischen Attributen: Die Musik mit der Lyra, der Handel mit dem Merkurstab oder aber die Industrie mit dem Hammer. Die dritte Figur von links stellt den Bankier Kroch (mit Merkurstab), rechts daneben Oberbürgermeister Karl Rothe, die zweite Figur von rechts den Architekten Liebig (mit Winkelmass) dar. Von links nach rechts sind allegorisch dargestellt: Musik, Kunstgewerbe, Handel, Schauspiel, Messewesen, Architektur und Industrie (siehe auch Seiten 42/43). STADTPLAN NR. 4

KROCHHAUS GOETHESTRASSE 2

Krochhaus, originale Messingleuchte und Türrahmung in der ehemaligen Schalterhalle

S. 66: Krochhaus, ehemalige Schalterhalle, Blick zum Neptunbrunnen

S. 67: Krochhaus, Terrakottaplatten und Treppenhausgeländer

Im Ergebnis eines von der Stadt Leipzig und dem Bankier Hans Kroch 1926 ausgeschriebenen Wettbewerbs „zur Erlangung von Entwürfen für die städtebauliche Ausgestaltung des Augustusplatzes und für die architektonische Durchbildung des Bankhauses Kroch“ wurde in den Jahren 1927/28 nach Entwürfen des Münchner Architekten German Bestelmeyer das erste Hochhaus der Stadt errichtet.

Zugleich war es das erste private Bankgebäude Deutschlands, das als Hochhaus ausgeführt wurde. Der elfgeschossige kalksteinverkleidete Stahlbetonbau lehnt sich in der Gestaltung an den Uhrturm am Markusplatz in Venedig an. Die Glockenschlägerplastiken von Josef Wackerle bilden den oberen Abschluss. Die Uhr im elften Obergeschoss wird von zwei reliefierten Löwendarstellungen flankiert. An der Kugel über der Uhr lassen sich die Mondphasen ablesen. Das Giebelfeld trägt die Inschrift „Omnia vincit labor“ (Die Arbeit überwindet alles). In der ehemaligen Schalterhalle des Bankhauses Kroch hat heute das Ägyptische Museum der Universität Leipzig sein Domizil. Der Raum stellt ein bedeutendes Interieur des Leipziger Art déco dar. Bemerkenswert ist der Neptunbrunnen des Bildhauers Josef Wackerle aus Terrakotta mit der vergoldeten Figur des Meeresgottes. Beim Bau dieses Hochhauses kam es zum Streit, denn die Vorschriften erlaubten grundsätzlich kein Bauen über die Firstlinie der innerstädtischen Geschäfts- und Wohnhäuser hinaus. Gegen Bestelmeyers Entwurf wurden entschiedene Proteste laut, die einem Privatbau in so exponierter städtebaulicher Lage eine derartige architektonische Bevorzugung nicht gestatten wollten. Die Entscheidung fiel schließlich für die Lösung Bestelmeyers, der damit eines der Wahrzeichen Leipzigs schuf und den Auftakt für den Hochhausbau in Leipzig gab (siehe auch Seite 36). STADTPLAN NR. 5

OMNIA VINCIT
LABOR
ÄGYPTISCHES
MUSEUM

EHEM. DRESDNER BANK GOETHESTRASSE 3–5

Das Gebäude wurde in den Jahren 1910/11 nach dem Entwurf des Münchner Architekten Martin Dülfer für die Dresdner Bank erbaut. In der Kassenhalle verwendete Dülfer Zackenformen, wie sie in der späteren Architektur des Art déco gebräuchlich wurden. Treppenhaus und Kassenhalle nehmen so bereits um 1910 Elemente der späteren Mode des Art déco vorweg. Die architektonisch bemerkenswerte Schalterhalle hat die Form eines zweigeschossigen Umgangschors auf polygonalem Grundriss. Im Obergeschoss ist die Galerie mit Fenstern versehen. Bei der Sanierung 1995/96 wurde die Oberlichtkonstruktion in veränderter Form wiederhergestellt. Das Rippennetzgewölbe ist in Stahlbeton ausgeführt. Die Arkadenbögen sind im „Zackenstil" stalaktitenförmig abgetreppt. Der architektonisch in grünem Marmor hervorgehobene Zugang zum Tresorraum wird von einer Uhr als Supraporte betont, die von Figuren begleitet wird. Die kunstgeschmiedete Tresortür ist vergoldet. STADTPLAN NR. 6

Ehemalige Dresdner Bank: Fassade an der Goethestraße, Supraporte an der Tür zum Tresorraum und Pfeilerkapitelle in der Schalterhalle

S. 69: Blick auf die 1995/96 rekonstruierte Oberlichtkonstruktion in der Schalterhalle

SPECKS HOF Reichsstrasse 4–6

Erhaltene Art-déco-Plastik an der Fassade von Specks Hof

Das nach Entwürfen von Emil Franz Hänsel in den Jahren 1908/09, 1911 und 1928/29 in drei Bauabschnitten errichtete Passagen-Messehaus gehört aufgrund seiner überzeugenden Grundkonzeption und einer Vielzahl elegant gelöster Details zu den architektonisch wertvollsten Geschäftshäusern in Leipzig. Der dritte und letzte Bauabschnitt fällt in die Epoche des Art déco. Im dazugehörigen dritten Lichthof war eine Ausmalung in diesem Stil mit heiteren Messeszenen von dem Leipziger Maler und Grafiker Otto Josef Olbertz und dem Leipziger Dekorateur Theodor Illing ausgeführt worden. Sie wurde ein Opfer der Zerstörungen am Gebäude im Zweiten Weltkrieg. In den Jahren 1986/87 schufen die Leipziger Maler und Grafiker Detlef Lieffertz (geb. 1949) und Heinz-Jürgen Böhme (geb. 1952) eine freie Adaption der ursprünglichen Ausmalung, die aber, trotz ihres unbestritten hohen Kunstwerts, im Zuge der Erweiterung des Lichthofs bei der Sanierung 1993 aufgegeben wurde (Abbildung auf Seite 38).

Als Hänsel 1928/29 den dritten Erweiterungsbau des Messehauses an der Nikolaistraße ausführte, gestaltete er diesen als turmartigen Baukörper, der über die Firstlinie der angrenzenden Gebäude hinausreichte. Dagegen erhob der Kirchenvorstand der Nikolaigemeinde am 12. Juli 1928 Einspruch: „Je höher die umliegenden Gebäude sind, umso mehr verliert die Kirche an Ansehen und Schönheit.“ Darüber hinaus befürchtete man eine Beeinträchtigung der Schallausbreitung des Glockenklangs. Zwar wurde der Einspruch von der Baupolizei abgewiesen, doch der Entwurf schließlich um ein Geschoss reduziert. STADTPLAN NR. 7

In den Fenstern der Ostseite von Specks Hof spiegelt sich die Nikolaikirche.

DRESDNER HOF NEUMARKT 21–27

Art-déco-Uhr in der Passage und ehemaliger Servicetresen im Untergeschoss

S. 73: ehemalige Empfangshalle im Untergeschoss, heute Bühnenraum des Kabaretts academixer

Das ehemalige Messehaus Dresdner Hof gehört zu den herausragenden Messepalastarchitekturen in Leipzig. Nach nur elfmonatiger Bauzeit wurde der Dresdner Hof, der rund 500 Aussteller aufnehmen konnte, zur Frühjahrsmesse 1913 eingeweiht. Die Entwürfe lieferte der Leipziger Architekt Leopold Stentzler. Eine beeindruckende und in Leipzig einmalige Besonderheit war die 1928 nach Entwürfen des Leipziger Künstlers Walter Gruner angelegte Empfangshalle im Stil des Art déco im Kellergeschoss, die seit 1980 die Kabarettbühne academixer beherbergt. Beim Umbau zur Kabarettbühne ging Architekt Rüdiger Sudau trotz notwendiger funktionaler Veränderungen behutsam mit der Substanz um, so dass die bestimmenden Art-déco-Details der Ausstattung erhalten blieben. Im restaurierten Zustand von 2011/12 ermöglicht der Saal eine Vorstellung vom ursprünglichen Glimmer der Goldenen Zwanziger. Die Deckenflächen sind im Silberton gehalten und die Pfeiler mit unterschiedlich farbigen Gläsern verkleidet. So entsteht eine fast schon esoterische Glitzeratmosphäre. Die Deckenleuchten bestehen aus satinierten, trapezförmig geschnittenen Scheiben, die in einer Aluminiumkonstruktionen gefasst sind. Sie laufen an den Enden in einem Bandornament im typischen Zackendekor aus. Die Innenwände links und rechts am Zugang zum Saal sind mit Schichtholzpaneelen verkleidet. Auf der linken Seite konnte eine figürliche abstrakte Darstellung, bestehend aus verschiedenfarbigen Metallauflagen, durch das Landesamt für Denkmalpflege Sachsen freigelegt und restauriert werden. Die Signatur wies

sie als ein Frühwerk des Leipziger Dekorationsmalers Curt Metze aus dem Jahre 1928 aus. „Auch wenn das ursprüngliche Werk im Ergebnis der äußerst schwierigen Freilegung in Teilen nur schemenhaft und stark beschädigt überkommen ist, verrät es mit seiner Auffassung von Figur und Farbe eine überaus bemerkenswerte avantgardistische Haltung" (Alberto Schwarz). 1934 wurde die Empfangshalle erweitert. Es entstanden Schreib- und Lesehalle, Beratungszimmer, eine Ruhehalle, Sanitärräume und Telefonzellen. Der Servicetresen mit Uhr, Postfächern, Briefkasten und Telefonzelle im Foyer gehört schon der Endphase des Art déco, dem Streamline Style an, der nicht mehr viel mit dem Zickzackstil der zwanziger Jahre zu tun hat.

Der Dresdner Hof war vom Messeamt als ein Messepalast der Sonderklasse eingestuft worden, was die Grundlage für die Berechnung der Standmieten der Aussteller war. Die Passage ist parallel zum Kupfergässchen angelegt. Zwei verglaste Lichthöfe mit je einem dreiseitigen Eckerker flankieren das repräsentativ ausgestaltete zentrale Treppenhaus, in dem sich noch die alte Pförtnerloge des Messehauses sowie die repräsentative Art-déco-Normaluhr befinden. STADTPLAN NR. 8

Dresdner Hof, Empfangshalle, historische Aufnahme

S. 75: Figürlich-abstrakte Darstellung in der ehemaligen Empfangshalle

SPARKASSE SCHILLERSTASSE 4

Das Gebäude Schillerstraße 4 Ecke Neumarkt 35 wurde bereits in den Jahren 1859 bis 1862 durch Baurat A. Zocher errichtet. Als 1930 die Stadt- und Girobank Leipzig ins Erdgeschoss des Gebäudes einzog, dürfte die heutige, in Teilen erhaltene Art-déco-Ausstattung entstanden sein. Bemerkenswert und einmalig für Leipzig ist die Verwendung von Onyx-Marmor aus Nordafrika für die Erdgeschossverkleidung der Fassade sowie die Eingangshalle. Von so weit hatte man bis dahin noch kein Leipziger Baugestein herbeigeschafft. Erhalten haben sich auch die orthogonal gegliederte Messing-Verkleidung des Aufzugsschachts in der Schalterhalle sowie die seitliche Eingangstür zur Stahlkammer mit zeittypischer Ornamentik, die Wandverkleidung mit Kamin in der Vorhalle sowie die beiden Stahltüren im Eingangsbereich. STADTPLAN NR. 9

Kamin im Vorraum und Detail der Eingangstür (oben)

S. 77: Aufzug und Tür zum Tresorraum in der Schalterhalle

ZUR STAHL
KAMMER

EHEM. RING-MESSEHAUS TRÖNDLINRING 9

Das frühere Ring-Messehaus wurde als damals größter innerstädtischer Mustermessepalast in den Jahren 1924 bis 1926 nach Plänen von Gustav Pflaume errichtet. Den Wiederaufbau in den Jahren 1946 bis 1948 leitete Oskar Pusch. Im Original hat sich das monumentale Sandsteinportal mit einem Balkonaufbau erhalten. Die phantasievolle Ornamentik auf den Pfeilern hat die typische Formensprache des Art déco. Seit 2017 wird der umgebaute Kopfbau am Tröndlinring als Hotel genutzt. (Siehe auch die Abbildungen auf Seite 20 oben) STADTPLAN NR. 10

rechts: ehemaliges Ringmessehaus, Portalgestaltung

EHEM. ELEKTRIZITÄTS-UMSCHALTWERK

NAUNDÖRFCHEN 30

Der etwas versteckt liegende Industriebau gehört, was seine Dach- und Fassadengliederung anbetrifft, zu den originellsten Arbeiten des Leipziger Art déco. Das Umschaltwerk Naundörfchen wurde in den Jahren 1923 bis 1927 errichtet. Im linken, turmartigen Gebäude waren der nicht mehr erhaltene Aufzug sowie das Treppenhaus untergebracht. Der rechte Bau mit den ebenfalls nicht mehr vorhandenen E-Anlagen ist durch zweigeschossige Pfeiler zwischen den Fensterbändern gegliedert. Unterhalb der Traufe ist eine Art Zackenfries zu sehen. Die Brüstungsgitter darunter und vor der schmalen Dachterrasse darüber sind im typischen Art-déco-Design ausgeführt. Das Gebäude wird seit 2006 als Wohnanlage genutzt. STADTPLAN NR. 11

ALLGEMEINE ORTSKRANKENKASSE (AOK)

WILLMAR-SCHWABE-STRASSE 2–4

Allgemeine Ortskrankenkasse: Detail der Einfriedung des Vorgartens und Haupteingang (unten)

S. 83: Brunnen mit der Figur „Die Genesung“ im Bereich des Haupteingangs

Das stadtbildprägende Gebäude entlang der östlichen Jahnallee entstand in den Jahren 1922 bis 1925 nach Plänen des Leipziger Architekten Otto Droge (1885–1970). Droge wählte hier eine Putzfassade, die er unter reicher Verwendung des roten Rochlitzer Porphyrtuffs in neoklassizistischer Manier äußerst traditionell gestaltete. Nichtsdestotrotz finden wir viele dekorative Details, die dem Art déco zuzurechnen sind. An erster Stelle ist der Brunnensockel im Vorhof zu nennen. Die im Zweiten Weltkrieg zur Edelmetallgewinnung für Rüstungszwecke eingeschmolzene bronzene Brunnenfigur des Leipziger Bildhauers Felix Pfeifer (1871–1945), „Die Genesung“

aus dem Jahre 1927 (sie wurde vermutlich bereits 1922 gegossen), ist heute durch eine Kopie ersetzt. Als Vorlage für den Abguss durch die Dresdner Kunstgießerei Gebrüder Ihle im Jahr 2000 diente eine zweite Figur Pfeifers mit dem Titel „Die Genesung“ aus dem Dresdner Rosengarten am Königsufer. Schöne Art-déco-Details finden sich im Inneren des Gebäudes, beispielsweise an den Treppengeländern und am Deckenstuck, außen an den Metallgittern, am Fassadenschmuck und an der Einfriedung. STADTPLAN NR. 12

POLIZEIDIREKTION LEIPZIG

DIMITROFFSTRASSE 3

Die Gebäude des sogenannten Justizblocks zwischen Harkortstraße und Peterssteinweg wurden in den Jahren 1876 bis 1935 in recht unterschiedlichen Baustilen errichtet. Die 1929 bis 1932 erbaute heutige Polizeidirektion ist ein Erweiterungsbau, dessen rote Klinkerfassade in feinnerviger, expressiver Struktur gestaltet ist. Die drei Obergeschosse sind durch spitzwinklige Pfeilervorlagen gegliedert, Erd- und Dachgeschoss durch Gesimse abgesetzt. Das Kalksteinportal ist ebenfalls in der Art-déco-Mode ausgeführt. Die Plastik eines Schäferhundes oberhalb der Traufe, ebenfalls aus Kalkstein, ist wohl ein eher heiter gemeintes Attribut der „Zunft". Der Architekt des Gebäudes ist nicht bekannt. STADTPLAN NR. 13

Plastik eines Schäferhunds im Dachbereich und Fassadenausschnitt (unten)

CAFÉ GRUNDMANN AUGUST-BEBEL-STRASSE 2

Das Café Grundmann besitzt eine im Wesentlichen original erhaltene immobile Ausstattung des späten Art déco, dem Streamline Style. Das Café wurde im Jahre 1930 durch den damaligen Betreiber, den Konditor Alfred Lutze, in das historistische Wohnhaus von 1880 eingebaut. Nach erfolgter Sanierung des Hauses und Restaurierung des Cafés wird es seit dem Jahr 2000 durch den neuen Inhaber Eckehart Grundmann betrieben und hat sich schnell wieder als ein beliebtes Szenecafé für Künstler und Intellektuelle etabliert. Besonders wird der Innenraum durch die Verwendung des dunkel gemaserten Satinholzes geprägt, in das horizontale Gliederungen aus Mahagoni eingelegt sind. Satinholz ist eine ältere Modebezeichnung für eine Gruppe tropischer Hölzer, die in den zwanziger Jahren gern verwendet wurden. Zeittypisch sind auch die Stuck-Pfeilerkapitelle mit ihrer horizontalen Schichtung ausgebildet, deren obere Lage nach außen abgerundet ist. Sehr stimmig wurden die neuen Decken-Radleuchter vom Leipziger Grafiker und Designer Stefan Francik als gelungene Art-déco-Adaption gestaltet. STADTPLAN NR. 14

Art-déco-Adaption einer Deckenleuchte

FASSADENDETAIL STEINSTRASSE 56/58

Das Doppelwohnhaus wurde nach Plänen von Stadtbaurat Carl James Bühring 1922 erbaut. Bemerkenswert sind hier die breitgelagerten gerahmten Hauseingänge, die sehr eigenständige Portallösungen darstellen, sowie die seitlich vertieft angeordneten Treppenhausfenster mit aufgemalten Art-déco-Bandornamenten und vegetabilen Agavendarstellungen im Mittelteil. Eine derartige aufgemalte Art-déco-Ornamentik ist an den Leipziger Außenfassaden dieser Zeit ansonsten kaum anzutreffen. STADTPLAN NR. 15

FIGURENPORTAL KURT-EISNER-STRASSE 71

Die Verwendung eines derartigen Figurenportals an einem Mietwohnhaus stellt eine originelle Besonderheit dar. Das bereits 1903 errichtete Gebäude erhielt in den 1920er Jahren eine neue Fassadengestaltung. Die allegorischen Figuren sind durch ihre Attribute als Handel (geflügelter Helm, Merkurstab), Malerei (Pinsel, Palette), Wissenschaft (Eule) und Musik (Lyra) ausgewiesen. Weil sich im Hinterhaus ehemals ein Kunstverlag, eine Druckerei und eine Glasmalerei befanden, könnte das Veranlassung für diese ungewöhnliche plastische Dekoration gewesen sein. STADTPLAN NR. 16

WOHNANLAGE LÖSSNIGER STRASSE

Detail der Klinkerarchitektur am Gebäude Lößniger Straße

Handlauf an der Zugangstreppe (unten)

In der Nähe des ehemaligen Schlachthofs (heute MDR-Gelände) erbaute die Stadt in den Jahren 1924/25 nach Plänen von Stadtbaurat Carl James Bühring zu beiden Seiten der Lößniger Straße mit 239 Wohnungen eine der schönsten Wohnanlagen der 1920er Jahre. Bührings stadtebaulicher Entwurf sah zwischen Stein-, Fichtestraße und Altenburger Straße eine geöffnete Blockrandstruktur vor, wie sie den im Gegensatz zum Historismus veränderten Vorstellungen entgegenkam. Vier Blöcke sind parallel zur Altenburger Straße in Nord-Süd-Richtung angeordnet und erlauben von den Giebelseiten an Stein- und Fichtestraße den Zugang zu den erhöht angelegten Innenhöfen. Die Lößniger Straße bildete Bühring als gestalterische Hauptachse aus, die an den Zugängen durch jeweils bis an den Fußwegrand herangeführte turmartige Bauten über gewölbten Arkaden eine Torsituation schafft und den Straßenraum zum übrigen Stadtgebiet etwas abschirmt. So entsteht eine hofähnliche Intimität mit verbesserter Wohnqualität. In der Fassadengestaltung zeigt sich Bührings Meisterschaft, was den subtilen Umgang mit dem Klinkermaterial betrifft. Sein fast schon spielerisches Verhältnis zum Material zeigt sich besonders an den fensterlosen Straßenfassaden der Turmbauten, wo er im Wechsel von Klinker und Terrakotta sehr einprägsame Flächenornamente erzeugt. STADTPLAN NR. 17

smart
L KK 1010

WOHNANLAGE

LÖSSNIGER STRASSE 60 A/B
STEINSTRASSE 69–79

Das Doppelwohnhaus Lößniger Straße 60a/b ist Bestandteil einer größeren Wohnanlage, zu der noch die Gebäude Steinstraße 69/71, 73, 75/77 und 79 gehören. Die Genossenschaftswohnungen wurden in den Jahren 1926 bis 1928 nach Entwürfen des Leipziger Architekten Max Theuerkorn errichtet. Das Ensemble gehört zu den Leipziger Bauten des Art déco, an denen sich der Stil am klarsten darstellt. Bemerkenswert opulent sind einige der unterschiedlich skulpturierten Eingangsportale unter Verwendung des roten Rochlitzer Porphyrtuffs gestaltet, die fast schon ein wenig überdekoriert wirken. Der hellblaue (Steinstraße) beziehungsweise roséfarbene Fassadenfonds (Lößniger Straße) und die roten (heute verblassten) Gliederungen im Porphyrton entsprechen der ursprünglichen Farbigkeit, die bei der Sanierung 1995 wiederhergestellt wurde. Kennzeichen der Fassadengestaltung sind die spitzwinklig ausgestellten Fassadenerker, die breiten „angekippten" horizontalen Bänder zwischen den Geschossen und die spitze Dachbekrönung. Auffallend fremd wirkt dagegen bis heute die braune Fliesenverkleidung der Sockelzone im Erdgeschoss. In den insgesamt 13 Häusern gibt es 117 Drei- und Vierzimmerwohnungen.

STADTPLAN NR. 18, 19

links: Doppelwohnhaus Lößniger Straße 60a/b
rechts: Eingangsportal des Wohnhauses Steinstraße 77

nachfolgende Seiten: Wohnhaus Steinstraße 69–79 und Eingangsportal des Gebäudes Steinstraße 73

77

73

HORNS ERBEN

ARNDTSTRASSE 33

Ende 2004 entdeckten vier Studenten, unter ihnen Claudius Bruns und Robert Herrmann, die lange geschlossene und heruntergekommene ehemalige Weinstube der traditionsreichen Leipziger Spirituosenfabrik Wilhelm Horn (1923 gegründet). „Horns Weinstube" war ab 1927 das Flaggschiff von insgesamt 46 Filialen. In einer in Leipzig einmaligen ehrenamtlichen Initiative wurden die Räumlich-

Historische Fassade mit Horns Fuhrpark und Eröffnungsparty 2012 (oben)
rechts: Fassade im heutigen Zustand

keiten Schritt für Schritt durch den Verein Horns Erben restauriert und zu einem kulturellen Treff gemacht. Den krönenden Abschluss bildete 2012 die originalgetreue Wiedererrichtung der alten Glas-Fassade im Art-déco-Stil von 1931 (Entwurf für die Rekonstruktion: Architekt Adalbert Haberbeck). In enger Zusammenarbeit mit den Denkmalbehörden von Stadt und Freistaat, mit großem bürgerlichen Engagement und zahlreichen Förderern und Handwerkern entstand mit der rekonstruierten Werbeanlage „Horns Erben" eine Sehenswürdigkeit, die einzigartig im Leipziger Stadtbild dasteht. Für die Wiederherstellung der Fassade erhielt der Verein 2012 eine Anerkennung durch den Hieronymus-Lotter-Preis für Denkmalpflege der Leipziger Kulturstiftung. STADTPLAN NR. 20

EHEM. BUNDESSCHULE DES ARBEITER-TURN- UND SPORTBUNDES

FICHTESTRASSE 36

Am 28. September 1924 wurde der Grundstein für den fünfgeschossigen neoklassizistischen Bau gelegt, zu dem auch zwei Turnhallen und ein Schwimmbecken gehören. Die Planung lag in den Händen des Leipziger Architekten Oskar Schade, der den Bau bis September 1926 fertigstellte. „Es sollte die Bundesschule des Arbeiter-Turn- und Sportbundes sein, der 1893, als eine Folge der Reaktion in der Deutschen Turnerschaft, gegründet und bis zum Ausbruch des Weltkriegs von den bürgerlichen Verbänden gehetzt und verleumdet und von den damaligen Behörden verfolgt und für politisch erklärt wurde" (Weiheschrift, 1926). Eine für Leipzig einmalige Besonderheit ist die Eingangshalle im Erdgeschoss, die mit einer hochwertigen keramischen Wandverkleidung im Stil des Art déco gestaltet ist. Die Sockelplatten sowie die Gliederungen sind in Grün gehalten, die flächigen Elemente sind gelb und braun marmoriert. Am Endpunkt der Mittelachse ist eine Brunnennische mit einem typischen Art-déco-Sockel angeordnet. Bemerkenswert ist auch das durchbrochene Art-déco-„Maßwerk" am Treppenaufgang. Das Gebäude ist heute zum Wohnhaus umgebaut.

STADTPLAN NR. 21

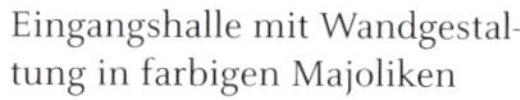
Eingangshalle mit Wandgestaltung in farbigen Majoliken

KONTORHAUS BRANDVORWERKSTRASSE 70

Straßenfassade und Eingangsportal des Kontorhauses Brandvorwerkstraße 70

S. 101: Fassadenausschnitt

Das Gebäude wurde nach Plänen des Architekten Ernst Riedel 1924 als Kontorhaus für die Firma Alexander Gödecke, Chemische Fabrik Import und Export, erbaut. Der Mittelrisalit wird durch über alle drei Hauptgeschosse reichende Pfeilervorlagen gegliedert. In den Fensterbrüstungen des ersten Obergeschosses sind vier Medaillons angeordnet, die unter den Themen Weisheit, Gesundheit, Handel und Chemie stehen (v. l. n. r.).

Bemerkenswert ist auch das gestufte Eingangsportal mit einer Supraporte, auf der zwei schwebende Putti eine von einem Drachen (?) umspielte Flammenschale halten. Hier wird sehr schön deutlich, wie klassische Dekorationsformen in eine spitzwinklig-zackige Ornamentik umgedeutet werden. Im Eingangsbereich setzt sich die Ausstattung mit Art-déco-Elementen fort. Das im Zweiten Weltkrieg zerstörte Dach wurde 2006 ergänzt. STADTPLAN NR. 22

WOHNANLAGE

GUSTAV-FREYTAG-STRASSE 19–23 / WINDSCHEIDSTRASSE 17

Die Dreiflügelanlage mit der Hauptseite zur Gustav-Freytag-Straße 19–23 wurde 1925/26 für die Gemeinnützige Beamten-Baugenossenschaft nach Entwürfen von Fritz Riemann erbaut. Die Erker und die Portale sind mit Art-déco-Formen dekoriert. Das Mansardgeschoss zur Windscheidstraße wird seitlich von zwei lebensgroßen Frauenfiguren in Steingusstechnik gerahmt. Das Gebäude enthält 33 Drei- und Vierzimmerwohnungen. STADTPLAN NR. 23

Ansicht der Wohnanlage von der Windscheidstraße

S. 103: Portal Gustav-Freytag-Straße 21

21

HOCHSCHULE FÜR TECHNIK, WIRTSCHAFT UND KULTUR

KARL-LIEBKNECHT-STRASSE 145

Tierkreiszeichenuhr in Majolikatechnik von Kurt Feuerriegel (Fragment)

Das Gebäude für die ehemalige Oberpostdirektion an der damaligen Südstraße entstand in den Jahren 1922 bis 1926 nach Entwürfen und unter der Oberbauleitung von Postbaurat Willibald Seckt. Die vergleichsweise lange Bauzeit erklärt sich durch den Umstand, dass „in der Zeit der Ausführung die deutsche Währung zusammenbrach, wiederholt erbitterte Lohnkämpfe geführt wurden, organisierte und wilde Streiks die Bautätigkeit in den schwierigsten Abschnitten unterbrachen, dass ferner zeitweise erheblicher Mangel an Baustoffen eintrat" (Eröffnungsschrift). An der einunddreißigachsigen viergeschossigen Fassadenfront tritt ein siebenachsiger massiger Mittelrisalit hervor, der als überdimensionaler Säulenportikus ausgebildet ist. Sechs Säulen aus Vorsatzbeton reichen durch alle vier Hauptgeschosse und tragen Kapitelle mit einem zeittypischen Zackendekor. Darüber befindet sich ein breiter Architrav mit zehn flachen Mezzaninfenstern unter einem Konsolgesims. Eine Freitreppe führt zu den drei Eingangstüren mit eisernen Gittertoren. Über den Eingängen sind drei expressive Reliefplastiken aus Werkstein nach Modellen von Alfred Thiele, Ausführung durch Bildhauer Wilhelm Andreas, Leipzig, angebracht, „durch die Kreuzung und Strahlung der verschiedenen Kräfte symbolisiert wird" (Eröffnungsschrift). Die Fensterachsen der zurückgesetzten Fassadenbereiche sind vom Erdgeschoss bis zum zweiten Obergeschoss erkerartig zusammengefasst. Im Inneren verdient die gewendelte Treppenanlage aus Sichtbeton besondere Beachtung. Interessante Art-déco-Details finden sich auch an den Portalen der Nebeneingänge sowie in den Nebentreppenhäusern. Die ursprünglich mit grünen Schmuckfliesen ausgekleidete Eingangshalle im Erdgeschoss ist in dieser Form nicht mehr erhalten. Ebenso gibt es im Inneren keine Hinweise mehr auf die kräftige Wandfarbigkeit mit Farbtönen wie Dunkelgrün, Violett, Dunkelblau usw. Bei der Sanierung durch das Büro Nieper und Partner 2000/01 wurde das im Zweiten Weltkrieg teilweise zerstörte Dach der Seitenflügel modern ausgebaut. STADTPLAN NR. 24

Expressive Portalplastiken von Alfred Thiele über dem Haupteingang

S. 105: Mittelrisalit des Gebäudes Karl-Liebknecht-Straße 145

145

WOHNHÄUSER RICHARD-LEHMANN-STRASSE 44–52

SOGENANNTES KELIMHAUS

Als Bestandteil einer größeren Wohnanlage des Bauvereins zur Beschaffung preiswerter Wohnungen entstanden zwischen 1927 und 1937 an der Richard-Lehmann-Straße, der Arthur-Hoffmann-Straße und der Bernhard-Göring-Straße insgesamt 393 Wohnungen. Die Entwürfe stammen von Richard Thiele. Bereits 1927 entstand die Front an der Richard-Lehmann-Straße, zu der auch die Hausnummern 44 und 46 gehören. Besonders markant sind hier die spitz aus der Fassade heraustretenden Erker, die über alle vier Hauptgeschosse geführt sind. Die Hauseingänge sind alternierend durch durchbrochene Giebel beziehungsweise Spitzgaupen betont. Phantasievolle geometrische Muster sowie der Wechsel kräftiger Farbigkeit und plastischer Klinkerverzierungen führen zu einer ungewöhnlichen Originalität der hellgrünen Putzfassaden mit den abwechselnd dunkelblauen Eckerkern. Eine Journalistin fühlte sich angesichts der Fassadendekoration an einen Kelimteppich erinnert. Daher stammt die Bezeichnung „Kelimhaus“. STADTPLAN NR. 25

Fassadenfront an der Richard-Lehmann-Straße

rechts: Fassadenausschnitt Richard-Lehmann-Straße 44

WOHNHAUSPORTAL

ARTHUR-HOFFMANN-STRASSE 130

Dem Architekten Richard Thiele gelang hier eine besonders gefällige Betonung der Eingangsachse. Ein mittig im Bereich der Eingangstür überhöhter Klinkersockel integriert flügelartig die beiden seitlichen Kellerfenster. Darüber werden die drei Treppenhausfenster in der Art eines Flacherkers zusammengefasst und im Beigeton vom hellgrünen Fassadenfonds abgesetzt. Das diagonal gestellte Dachfenster fügt sich in den spitzen Schnepfengiebel ein, der die Traufline schwungvoll unterbricht. STADTPLAN NR. 26

WOHNANLAGE HILDEBRANDSTRASSE 39–45

Für die 1926 bis 1928 erbaute viergeschossige Wohnanlage wählte der Architekt Georg Wünschmann eine äußerst originelle und für Leipzig einmalige Fassadengestaltung. Den vier nach Süden zum Park hin gerichteten Giebeln setzte er je einen abgetreppten, hochhausartigen Baukörper vor, der sich mit seinem roten Edelputz markant vom Grau der Wohnscheiben abhebt. Durch die spitz nach vorn auslaufenden Betonwerksteinbänder ist dieses Architekturzitat zusätzlich vertikal und horizontal gegliedert. Drei flache Verbinder an der Hildebrandstraße, in denen sich Läden befanden, fassen die vier Wohnblöcke im Erdgeschoss zusammen. Mit dieser unkonventionellen Fassadenlösung reagierte Wünschmann auf die in jenen Jahren geführte Hochhausdebatte und verwendete für gestalterische Details das Vokabular des Art déco, des vorherrschenden Stils der Goldenen Zwanziger Jahre. STADTPLAN NR. 27

PAUL-GERHARDT-HAUS BRANDSTRASSE 40

Das Gemeindehaus der Paul-Gerhardt-Gemeinde wurde vom Architekten Richard Wagner in den Jahren 1926/27 errichtet. Im Äußeren wie im Inneren haben sich charakteristische Details des Art déco in großer Vielfalt erhalten. Die Längsfront des Gemeindehauses ist von der Selneckerstraße etwas zurückgesetzt angeordnet, so dass eine kleine Grünanlage möglich wurde. Von hier führt eine Freitreppenanlage zur höher gelegenen Paul-Gerhardt-Kirche. An der Brandstraße ist der Saalbau durch einen markanten Treppengiebel betont. Rechts schließt sich das Pfarramt an, dessen Eingangsachse ebenfalls durch einen – allerdings viel bescheideneren – kleinen Treppengiebel markiert wird. Die Eingangstür wird von einem Kalksteinportal mit Supraporte und vasenartigen Aufsätzen gerahmt. Die Fassade war ursprünglich mit einem mattgrünen Edelputz versehen. Der heutige zu helle lindgrüne Anstrich verfälscht die Fassadenästhetik doch erheblich. Das Gemeindehaus wird von der Selneckerstraße her durch ein gotisierendes, spitzbogiges Portal mit Kalksteinrahmung erschlossen. Im Schlussstein ist der den Drachen tötende Ritter Georg dargestellt. Im dahinterliegenden Treppenhaus zum Saal verdient das auffallend schöne bronzierte Treppengeländer Beachtung. STADTPLAN NR. 28

Ziergitter (oben) und Eingangsportal Selneckerstraße 7

S. 111: Fassade zur Brandstraße

KATHOLISCHE BONIFATIUSKIRCHE

BIEDERMANNSTRASSE 86

Detail einer Eingangstür

S. 113: Bonifatiuskirche, Innenraum

Die Bonifatiuskirche wurde nach Entwürfen des Osnabrücker Architekten Theo Burlage 1929/30 errichtet. (Siehe auch Seiten 45, 46) Der Grundstein wurde am 3. März 1929 gelegt und die Weihe fand am 19. Januar 1930 statt. Burlage hatte beim Architektenwettbewerb, zu dem nur deutsche katholische Architekten zugelassen waren und zu dem 240 Entwürfe eingingen, lediglich den dritten Preis errungen. Aber schon in der Jurysitzung am 2./3. Juli 1928 hatte sich gezeigt, dass die Fachpreisrichter (d. h. die Architekten) für den sachlich-funktionalen Entwurf von Adolf Muesmann aus Dresden plädierten, während die Sachpreisrichter eher Sympathien für den Burlageschen Entwurf hegten. Auf der Tagung des Verbandes der katholisch-kaufmännischen Vereinigung Deutschlands wenige Wochen später wurde folgerichtig Burlages Entwurf ausgewählt, weil er derjenige war, „der am meisten zum Gemüte des Volkes spricht".

Sehr interessant ist für uns heute die Einschätzung der Raumfarbigkeit durch den damaligen Direktor des Bayrischen Landesdenkmalamtes Georg Lill aus München: „Sehr schwierig war die Frage der farbigen Behandlung der Wandflächen, wollte man nicht die Raumwirkung aufheben. Der Hauptraum ist bayrisch-blau gehalten, die Altarwand ocker, das mit rot gemischt ist. Durch diesen Farbenunterschied wird der Altarraum in seiner festlichen Stimmung von dem dumpferen und dadurch zurücktretenden Laienraum klar geschieden. Das hölzerne, flach vortretende Gesims ist Dunkelblau mit grünem Rand, während die Flachkuppel mit geschlagenem Gold bedeckt ist, das ein mosaikartiges Hervortreten der Ziegelsteine sehr gut zulässt. Die Steigerung von dem dunklen Wandton zu dem festlichen Klang der Decke und dann wieder zu dem wärmeren Ockergelb der Altarwand, ausklingend in dem kühleren Grün der Seitenkapellen und dem satten warmen Rot des Ziegelbodens, bringt eine sehr starke Stimmung in den Raum". (Literatur: Mercuria) Die Beschreibung weicht in zwei Punkten von der heute nach restauratorischem Befund wiederhergestellten Raumfarbigkeit ab. Die Altarwand ist hellgrün und die Seitenkapellen sind hellblau gefasst. Man darf annehmen, dass Lill sich auf das Farbkonzept Burlages bezieht, das dann wohl leicht modifiziert ausgeführt wurde. Die plastischen Arbeiten im Kirchenraum schufen die Frankfurter Künstler Albert Burges und Wolfdietrich Stein, die nach eigener Aussage versuchten, ihre Arbeiten als Bestandteil der Architektur, das heißt als integrierten Bauschmuck wie im Mittelalter, wirken zu lassen. Der Zugang zum Gedächtnisraum im Turm ist durch vier Klinkerpfeiler mit den zwölf Heiligenfiguren hervorgehoben. Auf Konsolen sind jeweils drei Terrakottafiguren übereinander platziert. Der Eingang zur Taufkapelle wird ebenfalls durch ein Klinkerportal betont. Auf gewendelten Pfeilern ruht ein Architrav mit der Inschrift „Im Anfang war das Wort". Darüber befinden sich vier Evangelistenfiguren. „Die Kirche ist in ihrer Einheit von Architektur und bildkünstlerischer Ausstattung der bedeutendste katholische Kirchenbau in Sachsen zwischen den beiden Weltkriegen" (Hartmut Mai). STADTPLAN NR. 29

FEIERHALLE

FRIEDHOF CONNEWITZ, MEUSDORFER STRASSE 78

Der Friedhof Connewitz wurde 1880 angelegt und 1886 erweitert. Die Friedhofskapelle wurde vermutlich 1927 nach Entwurf des Architekten Georg Staufert fertiggestellt. Die Front zur Friedhofsseite ist markant durch vier spitzbogige, gekehlte Fensteröffnungen sowie durch ein spitzbogiges Portal charakterisiert. Über dem mehrfach abgestuften Traufgesims erhebt sich ein ziegelgedecktes Walmdach mit Lüftungshaube. Über dem Eingang befand sich im Bereich der giebelartigen Attika ursprünglich eine Urnennische. Im Zweiten Weltkrieg wurde der Bau durch Bombentreffer stark zerstört und danach vereinfacht wiederaufgebaut. Zwar ist die Eingangstür nicht mehr im Original erhalten, wohl aber die sehr schöne Türklinke mit der Inschrift 1927. Über das ursprüngliche Innenraumkonzept informiert uns ein Aquarell des Architekten Staufert aus dem Jahre 1926. Der Innenraum hatte die Form einer spitzwinkligen Tonne (vermutlich in Holzkonstruktion) mit goldfarbener aufgemalter rautenförmiger Ornamentik. Der grünfarbige Fußboden könnte der Zeit gemäß in Linoleum ausgelegt gewesen sein. Die Innenraumausstattung ist heute nur noch in Fragmenten erhalten. Der Kanzelaltar weist im rückwärtigen Teil eine spitzbogige Nische auf, in der ein Sandsteinrelief mit zwei am Kreuz kniend betenden Frauenfiguren zu sehen ist. Die bildplastischen Arbeiten stammen vermutlich vom Leipziger Bildhauer Max Alfred Brumme. An der rechten Sockelseite des Altars weist die Inschrift „W-H. Bolte“ wohl auf den Steinmetz hin. Ein anonymes Informationsblatt in der Friedhofsverwaltung vermerkt: „Die künstlerische Prägung erfuhr die Kapelle durch den Leipziger Professor Max Alfred Brumme – von der außenarchitektonischen Gestaltung bis hin zum kleinsten Detail im Innenraum.

STADTPLAN NR. 30

links von oben:
Klinke von der Eingangstür zur Feierhalle, Außenansicht und Innenraum der Feierhalle heute

Innenraum der Feierhalle, Aquarell vom Architekten Georg Staufert, 1926

PORTAL DER ALTEN MESSE PRAGER STRASSE

Die ursprünglich drei Portalgestaltungen an den drei Eingängen zum früheren Gelände der Technischen Messe in Form des MM-Messesignets wurden aus Anlass der Jubiläumsmesse 1965 errichtet. Dieses weltbekannte Symbol der Leipziger Messe hatte der Maler und Grafiker Erich Gruner im Auftrag des 1917 gegründeten Messamts entworfen. Das doppelte M steht für den Begriff Mustermesse. Der Ausführungsentwurf für diese monumentalen Eingangsgestaltungen stammte von den Leipziger Architekten M. Weigend und M. Lehmann. Die 27 Meter hohe Stahlskelettkonstruktion ist mit Aluminiumblech verkleidet.

STADTPLAN NR. 31

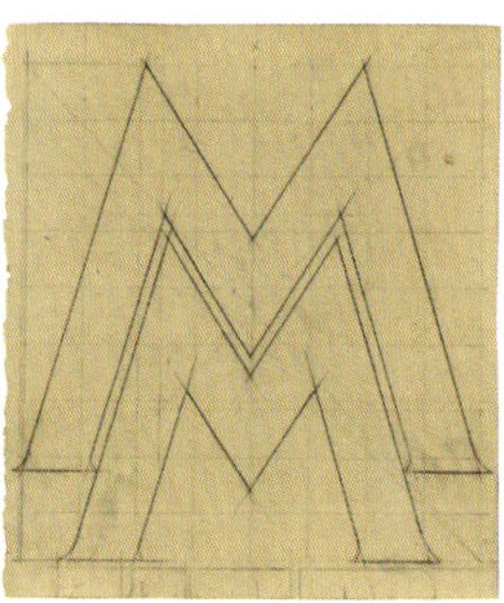

Der erste Entwurf für das Signet der Leipziger Mustermesse stammt von Erich Gruner, 1917

DOPPELWOHNHAUS

KOMMANDANT-PRENDEL-ALLEE 107

Das freistehende dreigeschossige Wohnhaus wirkt weniger dekoriert als vielmehr plastisch durchgestaltet. Der ockerfarbene Putzbau ist an der Straßenfront durch zwei erkerartige Risalite gegliedert. Die unkonventionellen umlaufenden, vertieften Putzbänder in den Brüstungsbereichen vermitteln Modernität und Bewegung. Das spitzwinklige Traufgesims ragt provozierend weit aus der Fassade heraus. Typische dreieckige Dachgaupen markieren den oberen Abschluss. Der zurückgesetzte Hauseingang besitzt eine Eingangstür mit Art-déco-Ornamentik. STADTPLAN NR. 32

Das auf weißen Rauhputz gesetzte Art-déco-Ornament findet sich am Haus Kommandant-Prendel-Allee 93.

VILLA LAUSICKER STRASSE 62

An diesem villenartigen Bau des Architekten Wilhelm Weigel von 1926/27 mischen sich unterschiedliche architektonische Tendenzen zu einer Gesamtgestaltung, die auf Vornehmheit und Noblesse setzt. Eine großzügige Terrassenanlage vermittelt auf der Rückseite zwischen Haus und Garten. Diese architektonisch durchgestaltete Gartenanlage steht ebenso wie das Gebäude unter Denkmalschutz. STADTPLAN NR. 33

Zeitgenössischer Entwurf für eine Wohnraumgestaltung aus dem Jahr 1922

KN
62

RATHAUS MÖLKAU ENGELSDORFER STRASSE 88–92

Das Rathaus Mölkau wurde 1925/26 vom Architekten Hans Heinrich Grotjahn erbaut. Elemente des Art déco zeigen sich an den beiden horizontal akzentuierten Giebeln der Vorderfronten, an dem die Fenster begleitenden Dekor und am Brunnenbecken im Eingangsbereich. Die Putzfassaden waren ursprünglich hellblau eingefärbt, denn Weiß wäre für diesen Stil eher ungewöhnlich gewesen. Aus dem Jahre 1928 stammt Grotjahns Wettbewerbsentwurf für die 1929 bis 1932 im Stil der klassischen Moderne ausgeführte Versöhnungskirche in Gohlis. Sie zeigt, dass sich die Architekten der zwanziger Jahre keineswegs auf eine bestimmte „Mode“ festlegen ließen.

STADTPLAN NR. 34

von oben: Skulptur eines Putto als Allegorie auf die Anwendung des Rechts über dem Haupteingang und Fahnenhalterung im Zackendekor

rechts: Gesamtansicht

S. 121: Rathaus Mölkau, Art-déco-Treppengiebel

EHEM. POSTAMT RIESAER STRASSE 26

Das Postamt an der Riesaer Straße wurde 1926/27 vom Architekten Jacques Baudinot-Dittmann erbaut. Im Erdgeschoss sind die Fenster und Türen mit rotem Klinker im Art-déco-Stil gerahmt. Die Innenausstattung des im ursprünglichen Sinne nicht mehr genutzten Gebäudes soll sich teilweise erhalten haben. Im Gebäude befindet sich heute ein Pub, zu dem ein Biergarten gehört. STADTPLAN NR. 35

Fassadenausschnitt mit Fensterrahmungen

Postamt
Post Office
26

WOHNANLAGE FRIEDRICH-DITTES-STRASSE 13–21

Die Ecklage zur Stünzer Straße wird wirkungsvoll durch einen etwas überhöhten Baukörper von sechs Geschossen akzentuiert. Durch den Materialwechsel in der Fassadengestaltung von Putz zu Klinker und durch den Rhythmus im Höhenversatz der Traufinie wird jegliche Monotonie vermieden. Der Einsatz der geschichteten Klinkerflächen an den fünfgeschossigen Baukörpern, an den viergeschossigen Fassadenerkern und im Sockelbereich erzeugt eine spannungsvolle Gestaltung von hoher Ästhetik. Vorgärten, Klinkerportale und farbige Treppenhausfenster komplettieren die positive Anmutung des Ensembles. Der Wohnblock ist ein überzeugendes Beispiel für die Verbindung von Funktionalität und dekorativem Gestaltungsansatz; Architekt war Max Theuerkorn 1930/31. STADTPLAN NR. 36

Stufenportal in Ziegeltechnik und originale Hauseingangstür

L-HT 9896
L-QA 6355

DOPPELWOHNHAUS

KURT-GÜNTHER-STRASSE 11, 13

Diese Fassadengestaltung präsentiert sich in ihrem Aufbau im Straßenbild ausgesprochen unorthodox. Ein dreiachsiger pfeilergegliederter Mittelrisalit mit Dreiecksgiebel ist bis ins Dachgeschoß geführt. Er ist auf ein geschichtetes Klinkerband aufgesetzt, das bis über die beiden seitlichen Eingänge gespannt ist. An diesen Mittelrisalit schließen seitlich horizontal geschichtete Fensterbänder an. Die höhenmäßig versetzt angeordneten Treppenhausfenster über den Eingängen unterbrechen diesen klaren Gliederungsrhythmus. Im Bereich der beiden äußeren Fensterachsen springt die Fassade etwas zurück. Durch den Farbwechsel zwischen Hellblau, schwachem Porphyrrot und Klinker wird das Konzept nachhaltig pointiert. Das Gebäude wurde 1926/27 durch den Architekten O. M. Rothmann erbaut.

STADTPLAN NR. 37

Eingangsportale mit originalen Eingangstüren

WOHNHAUSPORTALE

LIPSIUSSTRASSE 23 UND LIPSIUSSTRASSE 18

Für die Gestaltung der Hauseingänge 19–27 wurde ein ungewöhnliches Motiv gewählt. Eine flache Freitreppe mit sechs Stufen wird von je drei kräftigen, höhenmäßig und in der Breite trichterförmig versetzten Pfeilerstümpfen mit profilierten Abdeckplatten begleitet. An den äußeren Pfeilern schließen die originell gestalteten Vorgartengitter mit sanfter Rundung an. Die Eingangstür wird von einem rechteckigen Stufenportal gerahmt. Dieses Freitreppen-Pfeilerportal stellt eine für Leipzig einmalige Lösung dar.

Die Wohnanlage 18–24 des Architekten O. M. Rothmann (Bauzeit 1925/26) fällt durch ihre entschiedene Farbigkeit sofort ins Auge. Der hohe Sockel ist blaugrau, der Fassadenputz beige, die Gliederungen sind hellgrau und die Portale und aufgesetzten Ornamente in einem kräftigen Rot gefasst. Spitze Dachgaupen betonen die Dachlandschaft. Besonders auffällig sind die Eingangsportale gestaltet. Sie werden von spitzen Aufsätzen markant akzentuiert. Der Architrav ruht seitlich auf je drei winkligen Pfeilern. STADTPLAN NR. 38

18

STÄDTISCHE WOHNANLAGE

RIEBECKSTRASSE / WITZGALLSTRASSE / STAMMSTRASSE / REISKESTRASSE

Die signifikante Wohnanlage entstand 1924 bis 1926 nach Plänen von Stadtbaurat Carl James Bühring und seinem Nachfolger Hubert Ritter. Bemerkenswert ist die kontrastreiche Farbigkeit. Das kräftige Gelb der Putzflächen wird durch porphyrrote Gesimse unterteilt. Zwischen den Fenstern sind teils breite Ornamentfelder mit sehr schöner linearer Art-déco-Ornamentik platziert. Im rückwärtigen Teil der Wohnanlage, an der Ostseite Reiskestraße, sind die Erdgeschosszonen durch das von Hubert Ritter entwickelte Typenportal in feinsinnigen Klinkerstrukturen gestaltet. STADTPLAN NR. 39

Typenportal in der Reiskestraße

S. 131: Stammstraße, Fassadendetail mit Art-déco-Putzornamentik

VILLA PRAGER STRASSE 169

Die 1926/27 von Architekt Ernst Steinkopf errichtete Villa stellt eines der signifikantesten Beispiele des Art déco in Leipzig dar. Das Treppengeländer am Hauseingang ist aus dem Agavenmotiv entwickelt. Türgewände und Fenstergitter sind in der typischen Zackenornamentik gestaltet, und über der Haustür wurde ein Stuckornament, quasi als Supraporte, platziert. Phantasievolle Ornamentik rahmt die Fenster im ersten Geschoss und im Giebel der straßenseitigen Doppel-Dachgaupe.

STADTPLAN NR. 40

HEIZHAUS KINDERKRANKENHAUS

EILENBURGER STRASSE 11

Das Heizhaus für die Kinderklinik in der Oststraße wurde 1926/27 nach Plänen von Stadtbaurat Hubert Ritter errichtet. Durch klare geometrische Gliederung der Baukörper und die Aufteilung der Flächen unter Verwendung von gelben Klinkern für den Fassadenfonds und roten Klinkern für Gliederungsakzente gelang Ritter ein ungewöhnlich disziplinierter Fassadenaufbau, der nicht zuletzt durch seine Klinkerästhetik überzeugt. Ein sehr originelles Gestaltungsmotiv schuf Ritter mit dem oberen Dachabschluss, den er mit einem Rautenornament dekorierte. Der Bau ist ein exzellentes Bespiel dafür, dass funktionales Bauen und Schmuckfreude einnander nicht ausschließen müssen.

STADTPLAN NR. 41

POSTAMT OST LILIENSTRASSE 3

Drei Art-déco-„Gaffköpfe", ähnlich denen, die man von Renaissanceportalen her kennt, sind in ein horizontales Friesband in der Portalachse über dem dritten Obergeschoss eingebunden. Sie geben der Fassade ihre Einmaligkeit. Der zweigeschossige Portikus besteht aus vier sich nach vorn verjüngenden Pfeilern mit vertikalen Zackenfriesen. Darauf ruht ein geschichteter Architrav, der das klassische tragende Motiv ins Dekorative umdeutet. Über den vier mittleren Fenstern und der Eingangstür im Erdgeschoss sind spitzwinklige Verdachungen mit zeittypischer Ornamentik angeordnet. Das Gebäude wurde 1922 nach Plänen von Willibald Seckt und J. Muhs erbaut.

STADTPLAN NR. 42

Fassadenansicht Lilienstraße 3 und Ausschnitt der Mittelachse (rechts)

DHL
Geldautomat

BERUFLICHES SCHULZENTRUM, GUTENBERGSCHULE GUTENBERGPLATZ 6–8

Nach Plänen von Otto Droge wurde der porphyrgegliederte Putzbau mit horizontaler Fensterreihung 1929 fertiggestellt. Ursprünglich waren sämtliche Fenster hellblau gestrichen, was dem Außenbau eine deutlich kraftvollere Note verliehen hat. Das viergeschossige Hauptgebäude und die flacheren, vorgezogenen Flügelbauten (der nördliche entstand erst 1951) umschließen einen rechteckigen, begrünten Innenhof. Seitlich ist die Hauptfassade in zeittypischer Weise turmartig überhöht und mit einer Normaluhr versehen. Auch die obligate, seitlich eingeordnete Fahnenstange (typisch für Bauhausarchitektur) fehlt nicht. Obwohl sich die Gestaltung sowohl im Äußeren als auch im Inneren an funktionalen Tendenzen der Moderne orientiert, finden sich in der Innengestaltung dekorative Details des Art déco und des Streamline Style an Treppengeländern, Heizkörperverkleidungen, Türen, Möbeln usw. Die figürliche dekorative Fensterverglasung im Mittelteil in der Erdgeschosshalle wurde im Zweiten Weltkrieg zerstört und ist nach 1945 nach historischen Fotos angenähert wiederhergestellt worden. Symbolisch sind hier zwei Drucker mit spezifischen Arbeitsmitteln dargestellt. STADTPLAN NR. 43

S. 139: Eingangshalle mit Glasfenster im Art-déco-Stil

VILLA ROSSA ERICH-ZEIGNER-ALLEE 45

Hauszeichen in Art-déco-Ornamentik

Die Villa Rossa erbaute sich der Baumeister und Holzhändler G. Albrecht Schurich 1926 bis 1928 zur eigenen Nutzung. Eine sehr originelle Art-déco-Lösung stellen die drei Fensterrahmungen im Erdgeschoss zur Straße hin dar. In den dreieckigen Giebelfeldern sind Schmuckelemente angeordnet. Die Fensterrahmungen und die zeittypisch profilierten Fensterbrüstungen, durch die Sohlbänke horizontal unterbrochen, sind in einer Art zackig profiliertem Stabwerk ausgeführt. Über dem Hauseingang findet sich ein Hauszeichen mit den Initialen AS. Das Haus liegt ganz in der Nähe der Abzweigung des Karl-Heine-Kanals von der Weißen Elster. Auf einer unbenutzten alten Eisenbahnbrücke über den Karl-Heine-Kanal im Hofbereich der Villa hatte im Jahr 2003 der Markkleeberger Architekt Manfred Denda das „Riverboat“ für die bekannte MDR-Talkshow gleichen Namens erbaut. In Erinnerung an das frühere Domizil auf einem Dresdner Elbdampfer schuf Denda eine phantasievolle Adaption eines Schiffskörpers mit einem modernen, klimatisierten Veranstaltungsraum für 115 Zuschauer. Das Gebäude wird heute als „Kulturhafen Riverboat“ genutzt. An der Stelle des kleinen Bootshafens hatte der Holzhändler Schurich einst seine Holzentladestelle. STADTPLAN NR. 44

Tanzstudio
Musikschule
Musikakademie
Musik- und Tanzschu

KONSUMZENTRALE INDUSTRIESTRASSE 85–96

Die Plagwitzer Konsumzentrale, ein bemerkenswerter Industriebau im Westen Leipzigs, entstand 1929 bis 1932 nach Entwürfen von Fritz Höger. Sie wurde aus Genossenschaftsmitteln errichtet und erfüllt noch heute eine ähnliche Funktion. Der Gebäudekomplex, zu dem auch ältere Bestandbauten gehören, ist ein klinkerverkleideter Stahlbetonskelettbau und umfasst Verwaltungs-, Lager- und Werkstattgebäude auf einem Gebiet von etwa 180 x 65 Metern. Der Hof ist dreigeschossig unterkellert. Eine betont horizontale Wirkung entsteht an der Straßenfassade durch die Fensterbänder mit Schlüsselscheiben. Spannungsvoll ist das turmartige, leicht hervortretende Treppenhaus neben den Haupteingang gesetzt. In vollendeter Art und Weise wurden funktionelle Anforderungen mit einer sachlichen und zugleich baukünstlerisch überzeugenden Gestaltung verbunden. Bis zum Jahr 2000 wurde durch den Leipziger Architekten Winfried Sziegoleit der zentrale Bereich mit Außenfassade, Treppenhaus, Konferenzzimmer und Saal im obersten Geschoss als Modellachse für die noch ausstehende Gesamtinstandsetzung saniert. Im Inneren ist die originale Ausstattung weitgehend erhalten. Während Höger etwa beim Hamburger Chilehaus oder beim Anzeiger-Hochhaus in Hannover eine sehr expressive Formensprache wählte, entspricht seine Konsumzentrale dem Streamline Style der beginnenden dreißiger Jahre, der auf fließende Linien, Sachlichkeit und Materialexklusivität setzt. Dafür stehen das grün gefflieste Foyer, die elegante Treppenanlage und die beiden Säle im Inneren. STADTPLAN NR. 45

Eingangshalle im Erdgeschoss

Türklinke der Eingangstür

S. 143: Treppenhaus

KONSUMZENTRALE

Eingangsportal und Straßenfassade (S. 144)

WOHNANLAGE SIEMENSSTRASSE 14–22

Die Gebäude entstanden nach Entwürfen von Stadtbaurat Hubert Ritter im Jahr 1926. Zum Wohnensemble gehören noch die Häuser Limburgerstraße 35–45, Wachsmuthstraße 5–15 und Zschochersche Straße 86–94. Architektonisch hervorhebenswert ist das Quergebäude Siemensstraße 18, das als Badehaus konzipiert war und heute Wohnungen beherbergt. Sehenswert sind hier die beiden Treppenhäuser mit der wiederhergestellten kräftigen Wandfarbigkeit. Auch die schönen Klinkerportale der Hauseingänge an der Zschocherschen Straße verdienen Beachtung.

STADTPLAN NR. 46

Toranlage an der Siemensstraße

S. 147: Treppenhaus im Gebäude Siemensstraße 18

KONSUMVERKAUFSSTELLE RATZELSTRASSE 10

Das 1928 fertiggestellte Doppelhaus erinnert mit seiner stringenten Pfeilergliederung und dem differenzierten Backsteindekor an die besten Beispiele des norddeutschen Klinkerexpressionismus. Es wurde als „Fleischverteilungsstelle Nr. 112" mit 10 Wohnungen in den Obergeschossen erbaut und hat sich bis heute nahezu unverändert erhalten. Der Entwurf stammte vom Büro für Architektur, Bauberatung und Grundstücksverwaltung der Mitteldeutschen Wohnungsfürsorgegesellschaft mbH (Baumeister R. Schmitz).

STADTPLAN NR. 47

Straßenfront Ratzelstraße 10

S. 149: Mittelachse mit Giebelaufsatz

WOHNANLAGE LÜTZNER PLAN

unten: Hof mit Blick zur Lützner Straße

S. 151: Lützner Plan, Erker

Die Wohnanlage Lützner Plan entstand in den Jahren 1921 bis 1925 nach Plänen von Stadtbaurat Carl James Bühring. Geschickt hat Bühring die Anlage an den beiden Eingangsseiten durch nach innen gerückte, um zwei Geschosse erhöhte „Turmpaare" auf quadratischem Grundriss verengt, so dass eine etwas abgeschottete, hofartige Situation mit guter Verweilqualität entsteht. Die Art-déco-Details beschränken sich auf Türgestaltungen sowie die Fassadenerker. STADTPLAN NR. 48

135

WOHNANLAGE GRÖPPLERSTRASSE 76–96

Die Häuserzeile mit der farbig differenzierten Fassadengestaltung entstand 1928/29 nach Entwürfen des Stadtbaurats Hubert Ritter. Ähnlichkeiten mit der Wohnanlage Rote Front in der Mockauer Straße, die ebenfalls von Hubert Ritter gestaltet wurde, sind daher leicht erklärbar. Dreieckige Erker, die die Trauflinie durchbrechen, betonen die Treppenhäuser. Die hellgrünen Erker sind durch horizontale Gesimse gegliedert, die die Fenster einfassen. Der Traufkasten ist in einem kräftigen Blau gehalten, das an der Hauseingangstür wiederkehrt. Die Sockelzone wurde in rotem Backstein ausgeführt. Kräftige Farbigkeit mit Blau, Orange und Rot sowie Bandornamentik dominieren in den Treppenhäusern. STADTPLAN NR. 49

RATHAUS RÜCKMARSDORF

SANDBERG 24

Am Ende der zwanziger Jahre schuf sich die Gemeinde Rückmarsdorf am Sandberg 24 ein neues Ortszentrum. Nach Plänen des Architekten Arthur Carius entstand in den Jahren 1927/28 das Rückmarsdorfer Rathaus. Die zwei stattlichen Treppengiebel geben dem Gebäude die notwendige optische Präsenz, die es aus der Umgebungsbebauung heraushebt. Der signifikante Dachreiter und das stattliche Klinkerportal definieren es zusätzlich als Bau von Bedeutung. STADTPLAN NR. 50

Vom gleichen Architekten stammt das städtebaulich wirkungsvoll inszenierte Art-déco-Rathaus in Borsdorf bei Leipzig, erbaut 1928 (unten).

Rathaus

GEMEINDEHAUS DER EVANGELISCH-LUTHERISCHEN KIRCHGEMEINDE

BÖHLITZ-EHRENBERG, JOHANNES-WEYRAUCH-PLATZ 2

Altarleuchter

Von der großzügig geplanten Kirche mit Pfarrhaus und Gemeindehaus wurden schließlich nur letzteres und ein freistehender Glockenturm errichtet. Das Gemeindehaus wurde am 11. September 1927 geweiht. Dem Bau gingen nicht unerhebliche Querelen voraus (siehe auch Seite 46). 1925 wurde schließlich ein Wettbewerb unter Leipziger Architekten ausgeschrieben. 51 Arbeiten wurden fristgerecht eingereicht. Von den zwei vergebenen zweiten Plätzen belegte der Entwurf des Architekten Walther Born (Architekturbüro Oswald Born) einen zweiten Platz. In der folgenden innerkirchlichen kontroversen Debatte fiel die Entscheidung letztlich äußerst knapp zugunsten von Walther Born. Der Saal im ersten Obergeschoss gehört heute zu den herausragenden Beispielen des Leipziger Art déco und ist ein Kulturdenkmal von unschätzbarem, überregionalem Wert. Dies ist vor allem auf die Mitarbeit des Leipziger Bildhauers Max Alfred Brumme zurückzuführen, dem die künstlerische Ausgestaltung übertragen wurde. Obwohl man im Art déco zumeist eine sehr expressive Farbigkeit antrifft, waren und sind die Wände, wie die Farbuntersuchung durch den Restaurator im Handwerk Wolf-Christian Heindorf ergab, hier in einem lichten Ocker gehalten, während die Paneele und Türen des Saales ursprünglich in einem dunklen Rostrot mit silbernen Begleitstrichen gefasst waren. Diese Farbigkeit ist noch komplett im Foyer zum Saal erhalten. Die ganz besondere Raumqualität ergibt sich nicht allein durch die bildkünstlerische Ausgestaltung, sondern vor allem durch die sehr plastische Behandlung von Wänden und Decke, wie sie anderswo selten anzutreffen ist. Man darf annehmen, dass erst unter Brummes Einfluss der Raum zur „begehbaren Plastik“ wurde. Raumbestimmend sind das mehrfach abgestufte Deckengewölbe sowie die spitzwinkligen originären Wandpfeiler zwischen den Fenstern, die sich nach oben verbreiternd und in einer Art Maßwerk endend in den Deckenbereich eingreifen. Äußerst originelle Pfeilervariationen rahmen sowohl das Proszenium als auch die Eingangswand. Über der Bühnenöffnung, auf einem mehrfach abgestuften Schlussstein in einer hinterleuchteten Nische mit spitzwinkliger Bekrönung, platzierte Brumme eine Pieta. In dieser Arbeit ist „Christus als Helfer“ dargestellt. Die Umdeutung dieses klassischen christlichen Motivs steht sicher im Zusammenhang mit Brummes Erfahrungen als Soldat im Zweiten Weltkrieg. Flankiert wird die Pieta von Engeln. In die Supraporten über den seitlichen Saaltüren ordnete Brumme die Figuren von Paulus (links) und von Petrus (rechts) an. Über der Tür der Eingangsseite ist eine Reliefdarstellung mit der Auferstehung zu sehen. Auch Lesepult, Altar und Taufbecken aus Holz stam-

Foyer vor dem Saal

men von Brumme. Der Gemeindesaal Böhlitz-Ehrenberg ist heute noch im Wesentlichen im Originalzustand erhalten. Ursprünglich war das Lesepult allerdings auf der Bühne platziert und seitlich von hölzernen Geländern gerahmt. Auch fehlen heute die filigranen Hängeleuchten, die auf Fotos überliefert sind und ohne weiteres rekonstruiert werden könnten. Von Max Alfred Brumme sind dagegen zwei signierte neusilberne Altarleuchter erhalten. STADTPLAN NR. 51

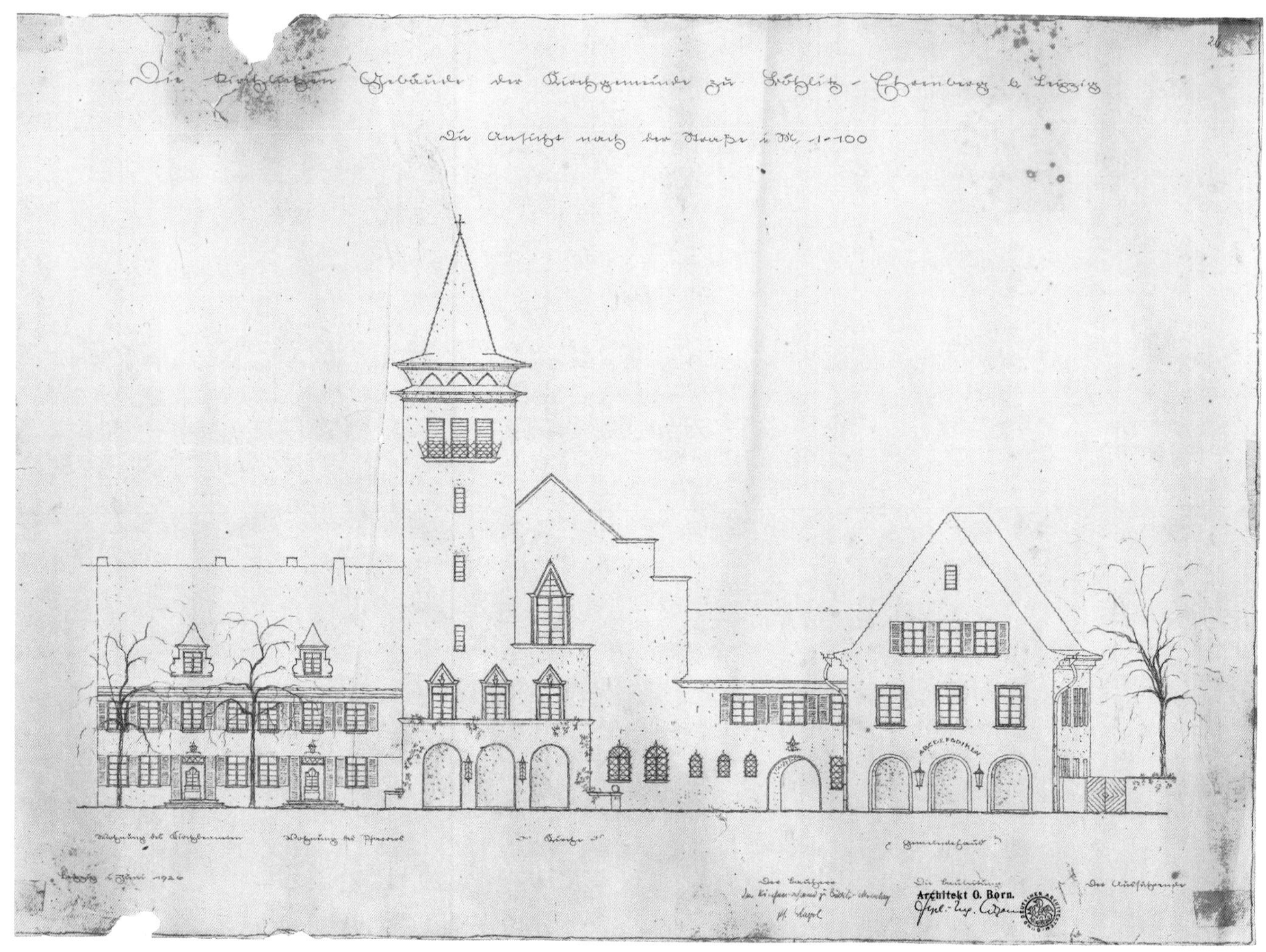

Entwurfszeichnung

Außenansicht

S. 160/161: Gemeindesaal, Blickrichtung zur Bühne

455 1-3
274 1-3
4-5
317 1-4
200 1
329 1-
331

455
274
4+5
317
200
329

WOHNANLAGE HEIMTEICHSTRASSE 42–48

Der dreigeschossige Putzbau, 1928/29 entstanden, ist ein sehr schöner Beleg dafür, dass auch mit geringem gestalterischen Aufwand eine interessante Fassadenlösung im sozialen Wohnungsbau möglich ist. Bänderstrukturen aus gelblichem Klinkermaterial fassen die Fenster des Erdgeschosses zusammen und betonen die Treppenhausachsen und die Hauseingänge. Zwei dreifach abgestufte Dachaufbauten über Klinkerschichtungen vermeiden eine monotone Dachlandschaft. Die regelmäßig angelegten Vorgärten verbessern das Wohnmilieu. STADTPLAN NR. 52

46
46

WOHNANLAGE HEIMTEICHSTRASSE 8–12

An den Fassaden des Wohnblocks Heimteichstraße 8–12 überzeugen die klaren, fast schon klassisch zu nennenden Klinkerportale. Das mittlere Portal ist als eine Art Mittelrisalit bis in den Traufenbereich verlängert und mit geometrischen Verlegemustern gestaltet. Die teils bis zur Versinterung bläulich gebrannten Klinker sind von besonderem Materialreiz. Das Gebäude ist um 1930 entstanden, vermutlich wie die Nachbarbebauung ebenfalls nach Entwürfen von Hubert Ritter. STADTPLAN NR. 53

10

WOHNANLAGE AM PATER-AURELIUS-PLATZ

GEORG-SCHUMANN-STRASSE / AM ZUCKMANTEL / LINKELSTRASSE / FRIEDRICH-BOSSE-STRASSE

Am Zuckmantel

„Auf einem ehemaligen Ziegeleigelände ließ das städtische Hochbauamt nach Plänen des Leipziger Stadtbaurats Hubert Ritter ab 1927 eine großzügige Wohnanlage errichten. In zwei Phasen ausgeführt, konnten die letzten Gebäude im Mai 1928 in Gebrauch genommen werden. Bis auf das an der Ausfallstraße Richtung Halle bereits 1914/15 errichtete Eckgebäude Georg-Schumann-Straße 355 nimmt die aus 21 Häusern mit 143 Wohnungen und zwei Läden bestehende Wohnanlage den kompletten Baublock ein. Vis-à-vis dem Wahrener Rathaus begrenzen im Norden viergeschossige Häuser in einer rückschwingenden Figur den als Schmuckplatz ausgebildeten Pater-Aurelius-Platz. Entlang der Linkelstraße und der Straße Am Zuckmantel schließen sich dreigeschossige Gebäudezeilen an, die durch ihre Abstufungen in den Firsthöhen den Eindruck einer Einzelhausbebauung vermitteln. Die an der Friedrich-Bosse-Straße als Kopfbauten fungierenden Doppelhäuser geben den Blick auf den großzügigen, nach Plänen des Direktors der städtischen Gartendirektion Nikolaus Molzen gartenarchitektonisch gestalteten Innenhof mit Gemeinschafts-, Spiel- und Trockenplätzen frei. Mit ihrer städtebaulichen Figur, den dominanten Gesimsen und Stufengiebeln und der rhythmisierenden, expressiven Farbigkeit, die sich auch in der Ausstattung fortsetzt, ist die Wohnanlage dem Art déco zuzuordnen. In einer Phase des Wohnungsmangels entstanden ist sie zudem ein Zeugnis des kommunalen Wohnungsbaus." (Wikipedia: Liste der Kulturdenkmale in Leipzig-Wahren, Landesamt für Denkmalpflege Sachsen) STADTPLAN NR. 54

Am Zuckmantel Ecke Georg-Schumann-Straße

WOHNANLAGE CORINTHSTRASSE 21–33

Die auffällig attraktiv gestaltete Wohnzeile wurde 1935 vom Architekten M. Schönfeld erbaut. Die markanten Dreieckserker über den Hauseingängen sind eine Reminiszenz an das Art déco. Der gliedernde Mittelturm mit den Fahnenmasten verarbeitet ein beliebtes Motiv der Moderne. Die kräftigen Natursteinportale und der Sockel weisen sich dagegen als eine typische heimatbezogene, bodenständige Gestaltung der dreißiger Jahre aus. In der Kulturdenkmalliste der Stadt Leipzig wird der Genossenschaftsbau als ein „architektonisch bemerkenswertes Zeugnis des sozialen Wohnungsbaues der 1930er Jahre" bezeichnet. STADTPLAN NR. 55

WOHNANLAGE

HANS-OSTER-STRASSE 36–50 / VIERTELSWEG 66

Das viergeschossige Wohnensemble wurde, wie man an der Inschrift einer Dachgaupe am Viertelsweg ablesen kann, in den Jahren 1926/27 vom Spar- und Bauverein Leipzig errichtet (Architekt Richard Wagner). Der Fassadenputz ist im Wechsel von Rosé zu Gelb ausgeführt. Die rhythmisch angeordneten zweigeschossigen Fassadenerker mit typischer Art-déco-Ornamentik sind hellgrün und graublau gefasst. Die helle, heitere Farbigkeit über dem Klinkersockel in Erdgeschosshöhe verleiht dem Gebäude eine verblüffende Leichtigkeit. STADTPLAN NR. 56

EHEM. POSTAMT 22

SASSSTRASSE 12

Das Gebäude wurde 1926 nach Entwürfen von Postbaurat Willibald Seckt errichtet. In der nicht mehr benutzten Schalterhalle finden sich in den Leibungen der beiden Schalteröffnungen Majoliken mit bildlichen und ornamentalen Darstellungen des Leipziger Bildhauers Alfred Thiele. Die Brüstungen der Ausgabetresen sind ebenfalls keramisch verkleidet und in der zeittypischen Art und Weise geometrisch abgetreppt. Die Abbildung zeigt ein Majolikadetail vom Straßeneingang.

STADTPLAN NR. 57

WOHNHAUSPORTALE GOTTSCHALLSTRASSE 7, 19

In der Gottschallstraße finden sich unterschiedlich gestaltete Wohngebäude des Art déco. Das Portal Nr. 19 bietet eine besonders originelle Lösung. Über der Eingangstür ist eine Supraporte angeordnet, die aus einer Rahmung in Form eines Agavenmotivs besteht. In dieser Fensteröffnung, seitlich von charakteristischer Zackenornamentik gerahmt, steht ein Putto mit einem Ball in der Hand. Bei Nr. 7 sehen wir eine Knaben- und eine Mädchenfigur auf Konsolen, die in die Seitenpfeiler eingearbeitet sind. Die Gebäude Gottschallstraße 1–21 schuf der Architekt Fritz Riemann 1926/27.

STADTPLAN NR. 58

7

WOHNQUARTIER

COPPISTRASSE 23–31 / LÜTZOWSTRASSE 58–66 / KLEISTSTRASSE 13–17 / DINTERSTRASSE 18–28

Die Wohnanlage entstand 1927 bis 1929 nach Entwürfen von Fritz Riemann. Sie verfügt über eine Reihe aufwendig gestalteter Eingangsportale mit den original erhaltenen Türen. Beispielhaft sei hier das Portal Kleiststraße 17 hervorgehoben. Das Besondere sind hier die beiden weiblichen Gewandfiguren im ägyptischen Stil, wie sie in Leipzig nur an diesem Gebäudekomplex zu finden sind. Während in London nach der Entdeckung des Grabes von Tutanchamun durch den britischen Archäologen Howard Carter 1922 eine wahre Ägyptomanie ausbrach (siehe auch Seite 14), schlug sich dies im Leipziger Art-déco-Stil praktisch kaum nieder. STADTPLAN NR. 59

WOHNHAUS

KLEISTSTRASSE 45

Dieses direkt zum Arthur-Bretschneider-Park orientierte zweigeschossige Reihenhaus ist ein exemplarisches Beispiel der Übernahme von Art-déco-Formen im anspruchsvollen Eigenheimbau. Es entstand 1925 nach Entwürfen des Architekten O. M. Rothmann. Die markante Farbigkeit mit dem kräftigen Rot für die Putzflächen und dem Weiß für die Gliederungen hebt es nachdrücklich aus der Gebäudefront heraus. Zeittypisch sind auch die spitzwinkligen Fensterverdachungen im Erdgeschoss sowie der obere Abschluss der Dachgaupe. STADTPLAN NR. 60

WOHNANLAGE TILIA CARRÉ

GEDIKESTRASSE / HEINICKESTRASSE / PAUL-SCHNEIDER-STRASSE / WITTENBERGER STRASSE / BONHOEFFERSTRASSE

Die Architektur des Art déco mit ihrer erfrischenden Farbigkeit ist in den letzten Jahren verstärkt Gegenstand des öffentlichen Interesses geworden. Dies betrifft vor allem den mehrgeschossigen Wohnungsbau jener Zeit. Auffallend am Tilia Carré, das 1928–1931 nach Plänen des Architekten Fritz Riemann erbaut wurde, sind die schönen dreigeschossigen Fassadenerker an der Wittenberger Straße mit ihrer typischen Art-déco-Ornamentik in den Brüstungen. Die Blockenden sind in Fensterhöhe durch horizontale Bänder gefasst. Bemerkenswert originell sind die Eingangstüren in sternförmiger Geometrie gestaltet. Die wiederhergestellte originale Farbigkeit in den Treppenhäusern rundet die sehr positive Bewertung ab. STADTPLAN NR. 61

Blick in die Heinickestraße
rechts: Portal Bonhoefferstraße 7

77

ALTER JÜDISCHER FRIEDHOF

BERLINER STRASSE 123

Wilhelm Hallers Hauptwerk des Art déco, die Trauerhalle auf dem Neuen Israelitischen Friedhof an der Delitzscher Straße, ist heute leider nicht mehr vorhanden (siehe hierzu Seiten 48 und 49). 1926 schuf Haller auf dem Alten jüdischen Friedhof einen Ehrenhain für die Gefallenen Soldaten des Ersten Weltkriegs, außerdem um 1928 das Grabmal der Familien Klein und Fein. „Ein bemerkenswertes kleines Friedhofsbauwerk, das mit einiger Wahrscheinlichkeit Haller zugeschrieben werden kann, ist ein sogenannter Ohel [...]. Einen Ohel [hebr. „Zelt"] errichten orthodoxe Juden in Gestalt kleiner Häuschen über den Gräbern berühmter Rabbiner, die fast eine heiligenhafte Verehrung genießen. Es ist Tradition, Gebete und Bitten auf die Gräber solcher Gottesfürchtigen zu legen, weshalb ein Ohel immer eine Öffnung hat, um entsprechende Zettel hineinzuwerfen." (Ulrich Knufinke) STADTPLAN NR. 62

Grabmal der Familien Klein und Fein

Sogenannter Ohel

Ehrenhain für die gefallenen Soldaten des Ersten Weltkriegs

WOHNHAUS HAMBURGER STRASSE 27

Das um 1930 ausgeführte Portal hat in der Leipziger Architektur des Art déco durchaus Einmaligkeitswert. Das Besondere an der rundbogigen, nach innen schräg verlaufenden Türrahmung sind die seitlich angeordneten schlanken, schräggestellten Pfeiler, die oben spitz auslaufen. Im Schlussstein wird dieses Motiv wiederholt.

STADTPLAN NR. 63

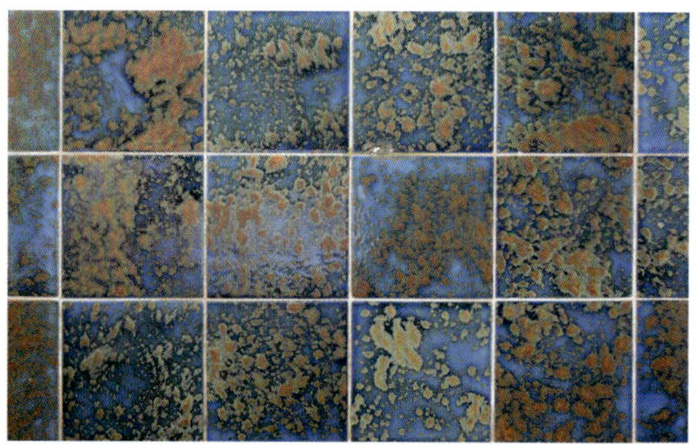

VILLA POETENWEG 49

Die Putzfassade des ehemaligen Wohnhauses ist klar und eindrücklich gegliedert. Über dem hohen Erdgeschoss mit vier Fensterachsen ist ein flacheres Mezzaningeschoss mit der verdoppelten Fensteranzahl angeordnet. Die kleineren Mezzaninfenster weisen stumpfwinklige Stürze auf. Dazwischen sind drei „Gaffköpfe" in Blindfenstern platziert. Die drei stehenden rechteckigen Dachgaupen des pyramidenförmigen Daches werden durch je zwei spitz auslaufende Pfeiler betont. Über den Erdgeschossfenstern sind kurze Zackenfriese zu sehen. Die Architektur verbindet einen gewissen monumentalen Anspruch mit der Verwendung zeittypischer Dekorationsmotive. Das Gebäude wurde vom Architekten Theodor Paul Klotzsch um 1930 entworfen. STADTPLAN NR. 64

WOHN- UND GESCHÄFTSHAUS

EHRENSTEINSTRASSE 9

Bemerkenswert ist hier der dreiachsige, durch drei Giebel bekrönte Fassadenvorbau aus Betonwerkstein im Bereich des Souterrains und des Erdgeschosses. Der Vorbau ist durch vier Pfeilervorlagen klassisch gegliedert.
Die Art-déco-Ornamente sind auf die Brüstungen und die flachen Pilaster gesetzt. Auch die Pfeilerkapitelle sind im gleichen Stil verziert. Auf der Gebäuderückseite sind drei großflächige Brüstungsornamente in Putztechnik im Art-déco-Stil ausgeführt. Besonders reich sind die

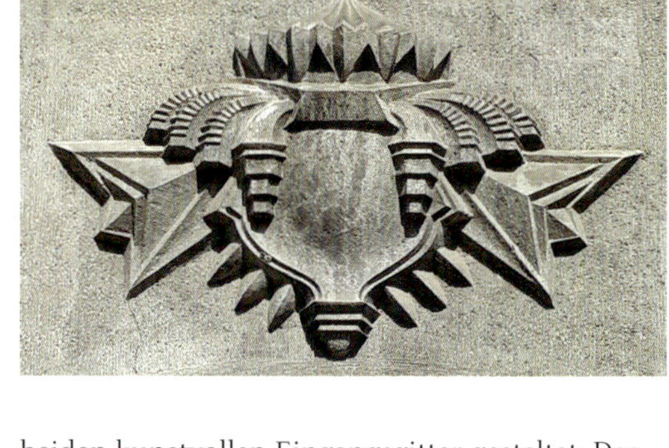

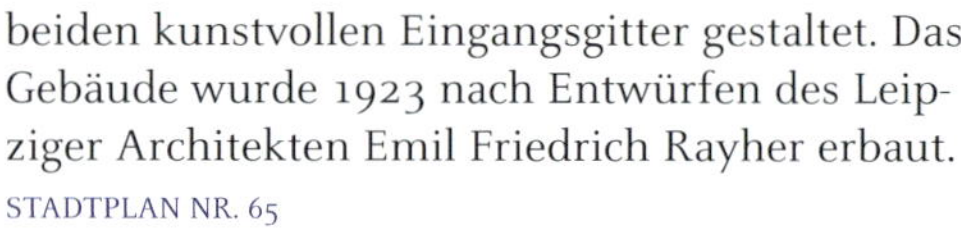

beiden kunstvollen Eingangsgitter gestaltet. Das Gebäude wurde 1923 nach Entwürfen des Leipziger Architekten Emil Friedrich Rayher erbaut.

STADTPLAN NR. 65

Eingangstor und Fassadenornament (oben)
S. 185: Fassadenausschnitt Ehrensteinstraße 9

EHEM. MDR-GEBÄUDE SPRINGERSTRASSE 20–24

Das Gebäude in der Springerstraße wurde 1929 nach Entwürfen des Leipziger Architekten Emil Franz Hänsel für die Barmenia Versicherungsanstalt fertiggestellt. Seit dem 4. Juni 1946 hatte der Mitteldeutsche Rundfunk / Sender Leipzig hier sein Domizil. Der dreigeschossige Bau besitzt eine sehr originelle Art-déco-Fassade. Auf den grünen Strukturputz des Fassadenfonds „spannte" Hänsel ein rautenförmiges Gliederungsraster aus Klinkerstreifen, auf das die Fensterrahmungen in horizontaler Reihung gesetzt sind. In der Mitte der schiefwinkligen grünen Putzfelder sind Klinkerkreuze angeordnet. So entstand eine recht ungewöhnliche Fassadenstruktur, die seitlich durch vertikale Klinkerlisenen zusammengehalten wird. Heute dient das Gebäude als Wohnhaus. (Siehe auch S. 35) STADTPLAN NR. 66

EHEM. HAUS KUHN RICHTERSTRASSE 10

Salon im Erdgeschoss

Das Haus wurde in den Jahren 1924/25 für den Musikverleger und Kunstsammler Max Kuhn (1874–1947) erbaut (siehe auch Seite 43f.). Richard Hüttel nennt es ein „Gesamtkunstwerk des Art déco“: „Die Bedeutung des Hauses Kuhn jedoch war vor allem der Innenausstattung von Bruno Paul (1874–1968) zu verdanken, einem der überragenden Architekten und Raumgestalter der ersten Hälfte des 20. Jahrhunderts, der sich als ein führendes Mitglied des Deutschen Werkbunds um Materialqualität, Klarheit der Konstruktion und handwerkliche Gediegenheit bemühte. Bruno Paul ließ die Einrichtung des Hauses Kuhn von den Deutschen Werkstätten in Dresden-Hellerau und den Wiener Werkstätten ausführen. [...] Selbst Details waren von höchster Qualität wie etwa die Türen aus Rosenholz und die Macassar-Rundleisten. Dieses seltene Holz aus Celebes diente auch als Einfassung der Beschläge mit elegant geschwungenen Griffen aus Messing. Die Möbel bestanden zum Teil aus kostbaren heimischen wie exotischen Hölzern. Dazu kam eine ungewöhnliche Farbigkeit: Die Mahagoni-Stühle etwa waren mit schwarz-violettem Stoff bezogen, und die gelben Möbel des Schlafzimmers besaßen versilberte Profile“. Leider wurden die bedeutsamen Wandmalereien im Speisezimmer des ersten Obergeschosses von Georg Alexander Mathéy (1884–1968), Lehrer an der Königlichen Akademie für graphische Künste und Buchgewerbe Leipzig, in den 1960er Jahren mit Latex überstrichen. „Über dem Buffet von Bruno Paul sah man eine arkadische Szenerie halbnackter, weiblicher Figuren, mit der Mathéy an die Goldene Zeit des antiken Mythos anspielte. Gegenüber befand sich ein flötenspielender Jüngling mit einer leicht geschürzten Sängerin ...“ (Richard Hüttel) STADTPLAN NR. 67

ZOO PFAFFENDORFER STRASSE 29

Noch heute ist der Leipziger Zoo durch die feinnervigen Klinkerbauten des vormaligen Stadtbaurats (1915–1924) Carl James Bühring stark geprägt. Nach seiner Abwahl 1924 konnte ihn Zoodirektor Johannes Gebbing für den Ausbau des Zoos gewinnen. Es entwickelte sich eine freundschaftliche, äußerst gedeihliche Zusammenarbeit, die bis zum Tode Bührings im Jahr 1936 währte. Bühring legte unter anderem auch die großzügige Hauptachse an, die an den Vogelfreiflugvolieren vorbei zum Dickhäuterhaus führt. Er kultivierte den Klinkerbau in Leipzig auf ganz eigenständige Art und Weise. Das Dickhäuterhaus wurde am 1. April 1926 eingeweiht, die Bärenburg wurde 1929 fertiggestellt, und bis 1936 entstand noch die sogenannte Affeninsel. Auch wenn der Zoo heute nach anderen Kriterien weiterentwickelt wird, so bleiben die denkmalgeschützten Bauten Bührings doch weitgehend erhalten. (Siehe auch Seiten 47–49) STADTPLAN NR. 68

Teil der ehemaligen Bärenburg

rechts: Fassadenornamentik am Dickhäuterhaus, Ansicht vom Kickerlingsberg

nachfolgende Doppelseite: Vogelfreiflugvoliere

DER WEISSE SAAL IM ZOO

PFAFFENDORFER STRASSE 29

Die heutige Kongreßhalle wurde in den Jahren 1899/1900 nach Entwürfen des Leipziger Architekten Heinrich Rust als Gesellschaftshaus für den 1878 gegründeten Zoo erbaut. In den Jahren 1924/25 wurde nördlich der Kongreßhalle nach Entwürfen des Leipziger Architekten Oswald Born der Weiße Saal im Art-déco-Stil angebaut. Dies wird bereits am Außenbau durch die spitzbogigen Fenster sichtbar. Das Saalinnere wurde maßgeblich durch den Leipziger Bildhauer Max Alfred Brumme geprägt, der Figuren und Wandornamentik aus Stuck schuf. Kaum etwas hatte sich davon bis heute erhalten. Von 1946 bis zum Brand vom 28. August 1989 hatte hier das Theater der jungen Welt seine Spielstätte. In den Jahren 2005 bis 2010 wurde die Kongreßhalle unter der Leitung des Architekten Gerd Heise (geb. 1953) von HPP Hentrich-Petschnigg & Partner GmbH + Co. KG Leipzig komplett saniert und modernisiert. Die Nachschöpfungen der künstlerischen Stuckarbeiten lag in den Händen des Berliner Bildhauers Andreas Artur Hoferick. Nach historischen Fotos konnten auch die ausgefallenen silbrigglänzenden Metallleuchter wiederhergestellt werden. (Vergleiche hierzu auch den Gemeindesaal in Böhlitz-Ehrenberg auf Seite 156ff.) STADTPLAN NR. 69

Der Weiße Saal heute, Außenansicht und Innenraum (rechts)

WOHNANLAGE ROTE FRONT

MOCKAUER STRASSE

Im Jahre 1926 entstand das Wohnensemble Rote Front nach Plänen von Stadtbaurat Hubert Ritter an der Ostseite der Mockauer Straße, der Friedrichshafner Straße und dem Gontardweg mit insgesamt 210 Wohnungen. Geschickt hat Ritter die Einmündung zur Friedrichshafner Straße durch zwei Turmbauten markiert und die lange Bauflucht hier durch einen kleinen dreiseitigen Platz unterbrochen. Wie an anderen zeitgleichen Wohnbauten Ritters werden die Hauseingänge durch Dreieckserker betont, die ins Dachgeschoß eingreifen. Schon bald nach der Fertigstellung bürgerte sich wegen der roten Gebäudefarbigkeit im Volksmund die Bezeichnung Rote Front ein.

STADTPLAN NR. 70

rechts: Hochpunkt zur Friedrichshafner Straße

SO GEHT WOHNEN
BCRE
Leipzig Wohnen

Rote Front, Hauseingang

S. 199: Arkadengang, Blickrichtung Friedrichshafner Straße

LITERATUR

125 Jahre Museum für Kunsthandwerk Leipzig, Grassimuseum Teil 1: Mit Beiträgen von Hartmut Coch, Fritz Kämpfer, Eva Maria Hoyer, David Chipperfield Architects, Olaf Thormann, Heinz-Jürgen Böhme, Detlef Lieffertz, Leipzig 1999
Teil 2/1: Aufbereitet von Olaf Thormann unter Mitarbeit von Ute Camphausen, Eva Maria Hoyer, Eberhard Patzig, Uwe Petter u. a., Leipzig 2003

Autorenkollektiv: Das kubistische Prag, Prag 1996, (Reihe EDICE DETAIL Band 4)

Bangert, Albrecht / Gabriele Fahr-Becker: Art Déco. Möbel und Glas, Schmuck und Malerei, München 1992

Berent, Catharina: Art Déco in Deutschland. Das moderne Ornament, Frankfurt am Main 1998

Die Bundesschulweihe in Wort und Bild, Erinnerungsblätter 18., 19. September 1926, Leipzig

Dorival, Bernard: Sonia Delaunay, München 1985

Duncan, Alastair: American Art Déco – Kunst und Design der 20er und 30er Jahre in Amerika, München 1986

Eine Wohnung für alle. Geschichte des kommunalen Wohnungsbaues in Leipzig. 1900–2000: Leipzig 2000. Pro Leipzig e.V. und Leipziger Wohnungs- und Baugesellschaft mbH (Hrsg.)

Festschrift zur Einweihung der Bethanienkirche Leipzig-Schleußig, Leipzig 1933

Gössel, Peter / Gabriele Leuthäuser: Architektur des 20. Jahrhunderts, Köln 1990

Guth, Peter: Haus Kuhn in Leipzig. In: Deutscher Werkbund Sachsen, Werkbericht 2, Leipzig 1996

Hocquél, Wolfgang: Leipzig. Architektur von der Romanik bis zur Gegenwart, Leipzig 2004, 2. Auflage

HPP Architekten und Falk Jäger: Kongreßhalle am Zoo, Leipzig 2016

Hüttel, Richard: Ein Gesamtkunstwerk des Art déco. Das Haus des Musikverlegers Max Kuhn. In: Leipziger Blätter Heft 49/2006

Katholische Kirche St. Bonifatius. In: Die Bau- und Kunstdenkmäler von Sachsen. Stadt Leipzig. Die Sakralbauten, Berlin/München 1995, Teil II, S. 953

Klein, Dan / Nancy McChlelland / Malcolm Haslam: Art Deco, Stuttgart 1991

Knufinke, Ulrich: Wilhelm Haller – ein deutsch-jüdischer israelischer Architekt. In: Wolfgang Hocquél, Peter Leonhardt, Ulrich Knufinke, Loreen Schiede: Wilhelm Haller ein Leipziger Architekt in Tel-Aviv, Leipzig 2009, S. 23

Stefan W. Krieg: Riemann, Fritz. In: Allgemeines Künstlerlexikon Bd. 98, München 2017, S. 492f.

Stefan W. Krieg: Fritz Riemann – Städtebauliche Höhepunkte mit hochwertigen Wohnungen. In: Leipziger Blätter Heft 71 (2017), S. 37–41

Kühn, Christoph / Brunhilde Rothbauer: Denkmaltopographie der Bundesrepublik Deutschland. Denkmale in Sachsen. Stadt Leipzig. Band 1: Südliche Stadterweiterung, Berlin 1998

Lemme, Arie van der: Art Deco die aufregende Bewegung, Hamb. 1990

Lützeler, Heinrich: Bildwörterbuch der Kunst. Komet 2000, S. 288f.

Maenz, Paul: Art Deco. 1920–1940. Formen zwischen zwei Weltkriegen, Köln 1990, 5. Auflage

Mathéy, Georg Alexander: Liebe zur Wandmalerei. In: Innendekoration Heft 38, 1927, S. 164ff.

McClure, Bert / Bruno Régnier: Art deco – Passy and Auteuil. In: Architectural walks in Paris, Paris, 1989

Merkuria: Blätter für katholische Kaufleute u. Angestellte in Handel und Industrie, Nr. 21, Essen 1930, S. 306

Miller, Judith: Art déco. Sammlerstücke, Designer, Preise, Starnberg 2006

Pevsner / Honour / Fleming: Lexikon der Weltarchitektur, München 1987

Puttemans, Pierre: Art Déco & Modernisme, Brüssel 2006

Schlansker Kolosek, Lisa: Chic – Die Pariser Moderne fotografiert von Thérèse Bonney. edition ebersbach

Schwarz, Alberto: Entdeckungen im Academixer-Keller. In: Denkmalschutz und Denkmalpflege, Merseburg, S. 30f.

Stommer, Rainer (Text) / Dieter Mayer-Gürr (Foto): Hochhaus. Der Beginn in Deutschland, Marburg 1990

Topfstedt, Thomas: Die Anfänge des Leipziger Hochhauses, Projekte und Bauten 1919–1950. In: Hubert Ritter und die Baukunst der Zwanziger Jahre in Leipzig, Sächsisches Staatsministerium des Innern, Dresden 1993, S. 52ff.

Zweck, Carl William / Hans Voigt: Der Neubau des Grassimuseums. In: Leipzig. Illustrierte Monatsschrift 5/1929

IMPRESSUM

Gefördert durch das Sächsische Staatsministerium des Innern und die Kulturstiftung des Freistaates Sachsen. Diese Maßnahme wird mitfinanziert durch Steuermittel auf der Grundlage des von den Abgeordneten des Sächsischen Landtages beschlossenen Haushaltes.

STAATSMINISTERIUM DES INNERN | Freistaat SACHSEN

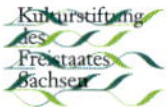

Mit freundlicher Unterstützung der kulturstiftung leipzig

Unsere Danksagung geht an:
Karin Duckworth, Nottingham • Dr. Richard Hüttel, Scharfbillig Dr. Stephanie Jacobs, Deutsche Nationalbibliothek Leipzig • Prof. Dr. Ulrich Knufinke, Wiesbaden • Dr. Stefan Krieg-von Hößlin, Leipzig Dorit Löffler, Markkleeberg • Dr. Anett Müller, Stadtarchiv Leipzig Dr. Alberto Schwarz, Leipzig • Stadtgeschichtliches Museum Leipzig Dr. Olaf Thormann, GRASSI Museum für Angewandte Kunst Leipzig

Gestaltung und Bildbearbeitung: Thomas Liebscher
Stadtplan: Passage-Verlag / Susanne Hofmann
Lektorat: Marianne Albrecht
Herstellung: Passage-Verlag

ISBN 978-3-95415-082-3 • Passage-Verlag • 2. unveränderte Auflage 2023

Fotonachweis
Alle Fotos stammen von Wolfgang Hocquél, außer:
Astrophysikalisches Institut Potsdam S. 31 o.r. • Archiv academixer S. 74 Archiv Horns Erben S. 96 • Archiv Leipziger Messe S. 18 o. r., 21 u., 116 r. • Archiv Zoo Leipzig S. 46 o. r. • Mahmoud Dabdoub S. 41 o. Deutsche Nationalbibliothek S. 20 o. • Tillmann Franzen S. 30 o. r. Friedhofsverwaltung Connewitz S. 115 • Martin Geisler S. 42/43, 63 GRASSI Museum für Angewandte Kunst Leipzig S. 2, 16, 17 o., 18 l., 19, 20 l., 21 o. l. und M., 27, 40 • GRASSI Museum für Angewandte Kunst Leipzig/Helga Schulze-Brinkop S. 39, 41 r., 42 l., 54, 55–59 und Titel • Tony Hisgett S. 9, 14 l. • Thomas Liebscher S. 50 o.r., 61, 62, 76 o.l., 90 o., 97, 109, 122, 123, 126, 134, 140, 168, 169, 182 • Detlef Lieffertz S. 38 Jill Luise Muessig S. 23 l.o., l.u., 26, 44 o.r., 77, 104 o., 156–161, 188 Michael Sander S. 13 o. l. • National Park Service, USA S. 10 l. • Privatarchiv S. 8, 10 o. r., 44 o.l., 48, 49 o. l und r. • Punctum / Bertram Kober S. 113 • Punctum / Hans-Christian Schink S. 69 • Stadtgeschichtliches Museum Leipzig S. 17 u., 18 o. l., 21 o. r., 22, 34, 35, 37 o.l., 47 o. r., 50 o. l. Stadtarchiv Leipzig S. 15, 118 und Vorsatz/Nachsatz • Jochen Stüber S. 195 • Universität Leipzig / Marion Wenzel S. 36 o. l. und r., 64–67

Rücktitel: Eingangsportal Haus Kuhn, Richterstraße 10, Bronzeziergitter der Tür nach Entwurf von Georg Alexander Mathéy
Vorsatz / Nachsatz: Farbentwürfe des Leipziger Architekten Johannes Koppe (1883–1959) für Treppenhausausmalungen

5
6.